요나서 강해
자기의 성공을 저주한 사나이

神學博士 김 호 식 著

도서출판 한 글

머 리 말

　요나는 구약의 선지자들 중 거의 불가사의한 인물이었다.
　이스라엘의 적국 니느웨에 가서 하나님의 말씀을 전하도록 부르심을 받았던 것도 이해하기 힘든 일이었고 명령을 피하여 달아날 수 있을 것으로 생각했던 요나의 태도는 더군다나 불가사의한 일이었다.
　모든 사역을 다 마치고 인생의 황혼기에 접어들었을 때 요나는 자신의 젊은 날의 체험을 더듬어 글을 썼을 것으로 생각되는데 4장에 불과한 짧은 글 가운데 전형적인 유다인들의 신관이나 우주관을 완전히 탈피해 우주 전체를 통치하시는 존엄하신 하나님, 그리고 사랑과 자비의 하나님이심을 서술하고 있다. 뿐만 아니라 강제로 밀려갔던 니느웨에 가서 하루 만에 온 도성을 회개시키는 대성공을 거두웠었다.
　그럼에도 불구하고 요나는 자신의 성공을 자랑스럽게 생각하기는커녕 자신의 성공을 저주하는 태도를 가졌다.

　요나는 심리 분석학적인 입장에서 볼 때 산업화된 문명권에 살고 있는 현대인과 비슷한 면이 많이 있어 우리에게 큰 교훈을 주는 책이다. 인생의 여정중 필연적으로 발생하는 역경을 관리하는 기술은 부정적인 면에서 또 자신이나 자신의 사역에 대해 가져야 하는 마음의 태도도 부정적인 면에서 우리에게 중요한 교훈을 준다.

　요나가 원수의 나라에 가서 하나님의 말씀을 전해야 했던 것은 하나님의 명령이었던 까닭에 피할 수 없는 숙명이었다. 하나님의 인도하심으로 니느웨에 가서 말씀을 선포함으로 요나는 대성공을 거두었다. 그러나 요나는 자신의 성공을 저주했다. 저주할 수밖에 없었던 이유는 자신의 성공의 대가가 자신이나 이스라엘에 주어진 것이 아니라 적국 앗시리아의 수도 니느웨인들에게 주어졌기 때문이다. 요나는 배타적 민족주의가 지배적인 시대에 살고 있었을 뿐아니라 자신도 철저한 배타적 민족주의자였다. 따라서 자기 노력의 결과가 니느웨성 주민들의 구원으로 실현된 것을 받아들일 수 없게 됐던 것이다. 차라리 자신이 실패하여 니느웨성 사람들이 멸망할 것을 원했던 것이다.

　안목을 넓혀 조금 더 공정하게 현실 문제를 살폈거나 하나님의 입장에서 보았더라면 자신의 성공에 대해 기뻐할 수도 있었고 인류 중 60여만 명이 자신의 사역의 결과 구원 받았다는 놀라운 성취에 감사했을 것이다.

　얼마 전 한국이 국제 통화 기금(IMF)의 통제하에 들어갔다는 소식이 전해졌을 때 수도 없이 많은 사람들이 "그거 잘됐다." "좀더 심하게 당해야 한다."는 등으로 반응을 보였다. 물론 한국 경제 발전의 혜택이 공정하게 분배되지 않았던 것이 사실이고 경제 부흥과 함께 빈부의 차가 더 심해졌던 것은 부인할 수 없는 사실이었다. 또 국제 통화 기금의 통제로 직접적인 피해를 받는 사람이 점차적으로 늘어나고 있으나 경제와 상관없이 아직도 낭비를 일삼고 있는 계급도 없지 않은 것이 사실이다. 그러나 경제는 국민 전체와 직관된 사실인 까닭에 한국의 경제가 파산지경에 이르렀을 때 그 정도의 차이는 있을 수 있으나 피해 보지 않을 사람은 하나도 없다.

노동자들은 노동할 수 있는 기회가 없어서 일손을 놔야 할 수밖에 없게 된다. 따라서 노동의 결과 자본가들이 치부했다는 불평보다 당장 인건비를 받을 수 없게 되어 생계의 위협을 받을 수밖에 없게 될 것이다. 자본가들이나 산업주들의 경우는 회사가 도산해도 전에 모아 놓은 재산을 먹고 살 수 있을는지는 모르지만 일거리가 없어서 실직자가 되든지 회사의 도산에 대한 책임을 영구적으로 질 수밖에 없고 경영 불실로 회사를 도산시켰다는 엄연한 역사적인 사실 앞에서 입은 있으나 변명할 수 없는 영원한 죄인이 될 수밖에 없다. 따라서 "그거 잘 됐다"거나 "좀더 심하게 당해야 한다"는 등의 말은 요나가 자신의 성공을 저주했던 저주 행위와 맥락을 같이 한다.

나는 지난 34년간 미국에서 살았다. 처음에는 유학생으로 그리고 학위를 받은 후에는 교수로 중상류 사회의 일원으로 생활했다. 특히 교육과 목회 생활을 통해 재미 교포들의 생활에 깊숙이 관련되어 살아 왔다. 이같은 경험을 통해 재미 교포들, 특히 산업계에 종사하는 사람들 중에 조급하게 서둘다가 자신의 성공을 지속적으로 유지하지 못하고 요나처럼 불평 불만에 싸여 건강도 잃고 패가 망신도 하는 사람들을 수없이 많이 보았다. 내 성공의 혜택으로 다른 사람이 유복하게 산다면 이 또한 다행한 일이 아닌가? 나의 진지한 노력으로 누군가가 혜택을 받는 사람이 있으면 이 또한 얼마나 고맙고 감사한 일인가?

아마도 요나서가 우리에게 주는 교훈은 오늘과 같은 역경과 혼돈 상태에 살고 있는 우리에게 긍정적인 면에서 또는 부정적인 면에서 좋은 교훈이 되는 것 같다. 우리는 항상 하나님의 섭리가 이 세상에 실현된다는 사실을 명심하여 지혜롭게 처신해야 할 것 같다. 아무쪼록 이 작은 책이 역경에 처해 있는 사람들에게 새로운 용기를 줄 수 있기를 바라는 마음에서 이 책을 세상에 내어 놓는다.

아울러 이 책의 출판을 위해 끈기 있게 지도 편달해 주시는 도서출판 한글의 심혁창 사장님과 편집부 직원 여러분께 심심한 사의를 표한다.

원고를 정리하여 활자화하는 데 불평 없이 수고와 노력을 아끼지 않은 나보다 나은 반려자인 아내에게 감사한다.

　　　　　　　　　　　　　　1998년 4월
　　　　　　　　　　　　　　저자 김 호식

차 례

머리말 / 7

서 론 ·· 11
요나서를 해석하는 방법 ··· 17
  1. 요나서는 비유로 기록된 것이라고 한다 ································ 19
  2. 우화적 해석을 하는 사람들이 있다 ·· 20
  3. 성경은 역사적으로 문법적으로 해석해야 한다 ················· 21

제1부 본문 주석 / 23

  A. 하나님의 부르심과 요나의 반항 ·· 25
    1. 여호와의 말씀 – 품성화됐다 ·· 27
    2. 일어나라 가라 큰 성(니느웨로) ·· 28
    3. 악독이 내게 상달했다 ·· 30
  B. 하나님께서 폭동을 일으키셨다 ··· 37

제1장 서 론 ·· 45
  A. 이방인들의 손에 자신을 맡겼다 ·· 49
  B. 이방인들에게 하나님이 증거됐다 ·· 50

제2장 요나의 기도 ·· 59
  1. 기도에 대한 오해 ·· 60
  2. 물고기 뱃속 ··· 63
  3. 하나님의 구원을 확신했다 ·· 66

    4. 하나님께 서약했다 ··· 67
    5. 하나님께서 요나를 구출하셨다 ··· 71
제3장 니느웨의 구출 ··· 73
    1. 요나를 다시 부르셨다 ··· 73
    2. 요나의 니느웨 사역 ··· 73
        a) 두 번째 명령의 내용 ··· 75
        b) 두 번째 명령의 결과 ··· 79
        c) 니느웨의 회개 ··· 80
    3. 하나님의 반응 ·· 84

제4장 요나의 교육 ·· 87
    1. 요나의 불평 ·· 87
    2. 하나님의 자비 ·· 94
    4. 하나님의 교훈 ·· 97

제2부 요나서 강해설교 / 101

1. 탈선한 선지자 ·· 103
   서 론 ·· 103
    I. 자연계의 상황 ··· 104
       A. 하나님의 진노 ··· 105
       B. 자연계의 격동 ··· 107
    2. 주변 상황 ··· 109
       A. 신을 불렀다 ··· 109
       B. 교회 내에 복음이 필요하다 ··· 111
    3. 선지자의 상황 ··· 113
       A. 거짓 안정감 ··· 111
       B. 거짓 평안 ··· 115
       결 론 ·· 116

2. 요나의 정직성 ·· 118
   서 론 ·· 118

Ⅰ. 자기 자신을 속인 요나 ·················· 120
　　　Ⅱ. 선원들을 속임 ···························· 121
　　　Ⅲ. 요나의 정직한 고백 ······················ 124
　　결 론 ··· 126

3. 책임질 줄 아는 요나 ····························· 129
　　서 론 ··· 129
　　　Ⅰ. 솔직한 요나의 고백 ······················ 130
　　　Ⅱ. 선원들의 태도 ···························· 133
　　　Ⅲ. 참 하나님을 발견한 선원들 ·············· 135
　　결 론 ··· 137

4. 고기 뱃속에서 드린 요나의 기도 ················ 140
　　서 론 ··· 140
　　　Ⅰ. 기도는 어떻게 해야 하는가? ············ 141
　　　Ⅱ. 기도의 응답 ······························ 145
　　　Ⅲ. 요나가 드린 기도의 내용 ················ 147
　　결 론 ··· 150

5. 요나의 신관 ······································ 152
　　서 론 ··· 152
　　　Ⅰ. 지존하신 하나님 ························· 151
　　　Ⅱ. 자비로우신 하나님 ······················· 154
　　　Ⅲ. 요나의 설교와 니느웨성의 회개 ········· 158
　　결 론 ··· 163

6. 요나의 분노 ······································ 165
　　서 론 ··· 165
　　　Ⅰ. 요나의 심정 ······························ 168
　　　Ⅱ. 요나의 두번째 기도 ······················ 170
　　결 론 ··· 174

서 론

　요나서는 소선지서중의 하나인데 그 내용은 오히려 예언과는 전혀 상관이 없는 전기와 같은 글이다. 그러면 왜 선지서에 포함이 되어 있느냐 하는 것이 문제가 되는데 원래 유대인들은 책을 구분할 때 내용에 의해 구분하는 것이 아니라 저자의 직위에 의해 구분한다. 예를 들면 다니엘서 같은 책은 전체적으로 예언에 속하는 글이다. 그래도 다니엘서를 잡서 속에 넣은 것은 다니엘은 선지자가 아니고 정치가였기 때문에 일반 잡서 속에 포함시켜 구분했다. 마찬가지로 요나서의 내용 자체는 예언과는 상관이 없는 글이지만 요나 자신이 선지자였기 때문에 선지서로 취급해서 소선지서에 포함시켰다.

　요나서 1장 1절에 "여호와의 말씀이 아밋대의 아들 요나에게 임하니라"고 되어 있을 뿐만 아니라 열왕기하 14장 25절에도 스블론 지파 아밋대의 아들이라고 요나의 이름이 언급되어 있다. 여로보암 2세는 주전 793-753년까지 북방 이스라엘의 왕으로 재위했던 탁월한 왕 중의 한 사람으로 훌륭했던 지도자로 알려졌다. 이스라엘의 북방에 있는 시리아와 앗수리아(지금의 이라크 전체)가 서로 전쟁을 했는데 때로는 이스라엘을 침공해 오는 등 계속해서 전쟁을 하고 있었다.

한번은 전쟁 때 요나가 여로보암 2세에게 "당신이 이번 전쟁에는 크게 승전을 하겠습니다"라고 예언을 했던 적이 있는데 그 예언이 정확하게 들어맞았었다.(열왕기하 14:25) 그 당시 이스라엘은 군세가 매우 약해서 염려를 많이 하고 있었으나 요나의 예언대로 승전했기 때문에 당시 요나는 이스라엘에서 상당히 존경을 받는 선지자로 알려졌다.

최근에 구약성경 중에서 요나서와 다니엘서가 가장 많이 비평의 대상이 되고 있다.

다니엘서의 경우는 다니엘이 주전 400-500년경에 미래지사를 예언하면서 심지어는 사람 이름까지 정확하게 예언했는데 그것이 어떻게 가능한가? 역사가 다 지난 뒤에 즉 시리아와 애굽과의 전쟁이 다 이루어지고 난 주전 1-2세기경에 마치 다니엘이 미래지사를 예언하는 것처럼 조작해서 쓴 것뿐이지 다니엘이 기록한 것이 아니라고 다니엘서의 저작권에 대해 비평하는 사람이 상당히 많다.

다니엘이 다니엘서를 기록했다는 사실을 받아들이면 다니엘의 예언 대부분이 문자 그대로 지나간 과거에 성취됐던 것처럼 미래에도 나머지 부분이 성취될 것을 믿어야 한다. 그렇다면 제 4제국에 해당하는 로마제국을 대치하는 제 5제국 즉 사람의 손을 대지 않고 산에서 떠오른 돌이 우상의 발 부분을 쳐서 우상이 완전히 부스러지고 바람에 날려 흔적조차 없어진 자리에 그 돌이 점점 커져서 온 세계를 가득히 채웠다는 제 5제국을 인정하고 믿어야 한다. 다시 말해 다니엘서의 영감성이나 다니엘의 저작권을 인정하면 전천년설을 받아들이는 이외 다른 해석을 할 방법이 없다. 그러므로 교리적으로 전천년설을 거부한 사람들이 자기들이 주장하는 이론을 고수하기 위해 다니엘서를 어떤 방법으로든지 헐뜯기 때문에 다니엘서는 필요 이상으로 적이 많게 된다.

요나서는 간단하게 이유를 들어 공격하기 쉬운 책중의 하나이기 때문에 저마다 사정없이 공격을 가한다. 고래가 요나를 삼켰다는 것은 말도 안 된다고 주장하는데 그 이유는 고래는 몸뚱이는 크지만 목구멍이 작아서 큰 먹이는 삼킬 수가 없고 주로 작은 새우를 잡아 먹고 사는 동물로서 사람을 삼킬 수는 없다고 주장한다.

또 고기 뱃속에서 사흘이나 있으면서 소화되지 않고 살아 남았다는 것은 있을 수 없는 일이라는 이유로 요나서는 우화나 비유로 씌어진 글에 불과할 뿐 사실을 기록한 것이 아니라고 비평한다.

그러나 만약에 요나서가 역사적인 사건이 아니고 조작된 우화나 비유라고 결론을 내리면 마태복음 12장에 예수님께서 요나서를 역사적인 사건으로 인용하신 사실에 문제가 생긴다. 마태복음 12장 39-41절에 서기관들과 바리새인들이 예수님께 나와서 '우리에게 표적을 보여주시오'라고 요구했다. 이미 예수님께서 8:~12:22절까지 구약에 예언된 모든 표적 즉 병자를 고치고 소경의 눈을 띄우고 벙어리가 말을 하게 하고 앉은뱅이가 일어서서 걷고 문둥병자를 깨끗하게 하고 죽었던 사람을 살리는 등 모든 표적을 다 보였다. 그럼에도 불구하고 마태복음 12장 22절에 백성들이 처음으로 예수님을 배척하기 시작한 사실이 기록됐다. 그러니까 바리새인들이 얼른 이 기회를 타서 예수님이 바알세불을 힘입어서 악령에 사로잡힌 자를 내쫓은 것뿐이지 예수는 다윗의 자손으로 오신 메시야가 아니라고 비평했다.

다시 말하면 마태복음 8장으로부터 시작해서 12장까지 행했던 모든 예수님의 표적은 사탄의 힘을 빌어 행한 이적으로 배척했던 것이다. 그런 후에 아직도 당신이 다윗의 자손이라고 주장할 테면 우리가 수긍할 수 있는 표적을 보이라고 한 것이다. 참으로 믿기 위해서 표적을 구한 것이 아니고 예수님을 책잡고 헐뜯기 위해 표적을 구하는 자들에게 예수님께서는 "악하고 음란한 세대가 표적을 구하나 선지자 요나의 표적밖에는 보일 표적이 없느니라"(마태복음 12:39b)고 말씀하셨다.

요나가 고기 뱃속에 들어가 삼일 동안 있었던 것처럼 예수님께서도 땅 속에 삼일 동안 묻혔다가 삼일 후에 다시 살아나실 표적밖에 보일 것이 없다고 말씀하심으로 요나의 사건이 역사적인 사건인 것을 증거하시면서 자신의 죽음과 부활을 이에 비유해서 언급하셨다.

만일 요나서가 역사적인 사건이 아니었고 우화에 불과했다면 예수님께서 무식해서 과오를 범한 것이 되고 과오를 범하실 수 있으신 분이면 그의 신성을 의심하게 되는 것이다. 따라서 이 문제는 예수를 하나님의 아들이라고 믿어 온 기독교의 역사까지도 무너뜨리는 결과를 가져온다. 따라서 예수님을 간접적으로 비평하는 방법으로 요나서의 역사성을 철저하게 비평해 왔다.

4세기경 성경을 라틴어로 번역했고 로마 카톨릭교회의 신학을 최초로 정립했다고 볼 수 있는 학자 제롬은 유대인들의 하가다(지금의 주석책)라는 책을 인용해서 요나서를 기록한 요나는 열왕기하 14장 25절에 언급된 아밋대의 아들 요나가 아니고 엘리야에 의해 부활됐던 사르밧 과부의 아들이 성장해서 선지자가 됐고(열왕기 상 17:17-24) 그가 바로 요나서의 제작자라고 주장했다.

한편 요나서의 역사성을 부인하는 사람들은 이것이 유대인들이 바벨론에 포로로 잡혀갔던 사건을 비유로 설명하는 책이라고 주장한다. 페르시아의 아닥사스다 왕 18년에 바벨론 포로에서 돌아온 사람들은 2-3만 명에 지나지 않았다. 2-3만 명밖에 안 되는 중에서는 젊은이들이 결혼 상대를 고르는 것이 여의치 않아 이방 여자나 이방 남자와 결혼하는 예가 있었다. 그런데 느헤미야 같은 강력한 애국지사가 나타나서 민족의 순결성을 유지하기 위해 이방인 남자나 이방인 여자들을 다 내쫓았던 사실이 에스라서와 느헤미야서에 기록돼 있다. 그런데 이방 남편을 내쫓고 나니까 여자들이 농사를 지을 수 없었다.

또 이방 여자를 내쫓고 난 남자들은 젖 달라고 보채는 어린아기와 집안 살림을 해 줄 사람이 없어 아주 곤란한 지경에 이르렀다. 견디다 못한 백성들이 대책을 강구해 달라고 지도자들에게 요구함으로 장로들이 만들어낸 것이 이방인이 유대인으로 개종하는 법이었다. 그래서 남자인 경우는 할례를 받고 침례를 받으면 유대인으로 취급해서 다시 가정으로 돌아갈 수 있게 했고 여자인 경우는 침례만 받으면 다시 함께 살 수 있는 방침을 세웠다.

　이렇게 해서 개종자들의 침례제도가 신구약 중간사 때 발생했던 것이다. 요나가 니느웨에 가서 하나님의 말씀을 전하라는 명령을 받았던 것은 이렇게 바벨론 포로에서 돌아온 후 한창 민족주의가 불이 붙고 있을 때였기 때문에 죽으면 죽었지 이방 사람인 니느웨에는 가지 않겠다고 결정하고 다시스로 가려는 생각을 할 수밖에 없었다고 요나의 애국심이나 이방인에 대한 적개심 같은 것을 보아 이것이 바벨론 포로 이후 주전 430년경에 기록된 책일 것이라고 주장한다.

　또 한 가지는 요나서에 아라메익어(바벨론어)의 영향이 많이 포함되어 있다. 이스라엘 사람들의 바벨론 사람들과의 접촉은 바벨론 포로 이후에 있었던 사건인 까닭에 요나서는 주전 430년경에 기록됐다고 주장하는 것이다.

　그러나 히브리어는 원래 문법 체제가 분명한 언어가 아니다. 스블론은 갈릴리와 두로 사이에 가장 북방 변두리에 위치한 부족들이었다. 그래서 시리아나 앗수리아의 영향을 많이 받았었는데 이것은 마치 옛날 우리 나라도 교통이 불편해서 사람들의 왕래가 잦지 못했던 때에 함경북도나 평안북도의 만주 지경에 사는 사람들의 사투리는 남쪽의 전라도나 경상도 사람들과 비교할 때 알아듣지 못할 정도로 현저한 차이가 있는 것과 같다. 히브리어도 예루살렘에서 쓰던 말은 구약성경 대부분을 기록한 말이고 스블론 사람 요나가 쓰던 말은 북방 사투리였기 때문에 어느 정도 차이가 있는 것은 당연한 일이었다.

요나서 2장에 요나가 고기 뱃속에서 하나님께 구출해 달라고 했던 기도문이 기록되어 있다.

이것은 대개 시편을 인용한 부분이라고 주장하면서 시편 역시 주전 400-500년경에 기록된 것이기 때문에 요나서도 역시 430년경에 기록된 것이라고 주장한다.

그러나 개신교 보수주의에서는 시편 대부분은 주전 1000년경 다윗과 솔로몬 때 기록된 것으로 믿는다. 또 요나는 여로보암 2세 때 사역을 했던 선지자이고 이 책은 자신의 경험에 의해 기록한 책이라는 사실을 믿는다. 이 사실을 받아들이면 요나서는 솔로몬 때로부터 시작해서 약 250년이 지난 760년경에 기록됐으며 시편은 이미 약 250년 동안 백성들 중에서 널리 사용될 시간적인 여유가 있었기 때문에 요나가 다윗의 시를 인용했던 것은 너무나 당연한 일이었다고 주장한다.

요나서를 해석하는 방법

개신교에서는 성경이 모든 신앙과 행위의 권위라는 면에 있어서 모두 다 일치하는 견해를 표시한다. 하나님은 삼위의 하나님으로 한 분만 계시고 성경도 하나일 뿐만 아니라 신약성경에도 교파에 관한 언급이 전혀 없는데 왜 그렇게 교파가 많고 왜 교단 제도가 형성되어서 장로교회, 감리교회, 침례교회라고 제각각 자기만이 정통적인 교회라고 주장하게 되었는가? 이렇게 많은 교파가 생기는 것은 성경 해석상의 차이에서 오는 문제이다.

특별히 성경을 영적으로 해석함으로 교단 제도가 생겨 장로교라는 교단이 됐고 그 교단 안에 여러 개의 지교회가 형성됐고 감리교도 그 안에 여러 개의 교회가 생기게 된 것이다. 회중교회나 침례교에서는 성경을 역사적이고 문법적인 해석을 해야 된다고 주장해서 교회 내에 목사와 집사만이 있고 특히 사도행전 20장에 근거해서 목사나 감독이나 장로는 같은 사람인데 기능상의 차이에 따라 이름만 다른 것뿐이어서 감독은 행정적인 수반을 의미할 때 사용된 술어이고 장로는 영적인 지도자인 면을 강조할 때는 장로라고 불렀고 말씀을 먹이는 자임을 강조할 때는 목사라고 불렀을 뿐 같은 인물이라고 해석했다. 따라서 직제가 목사와 집사밖에 없는 것이라고 주장한다. 로마 카톨릭교회에서는 교황, 추기경, 감독 등 수도 없는 계층이 많은 것은 성경은 일단 제쳐놓고 자기들의 전통에 의해 필요할 때 직제를 만들어냈기 때문이다.

결과적으로는 어떠한 해석법을 사용했느냐 즉 옳게 해석했느냐 옳게 해석하지 못했느냐 하는 것이 중요한 논제가 되는 것이다. 예를 들어 영적으로 성경을 해석하는 경우 무천년설도 될 수 있고 루터란도 될 수 있고 칼빈주의도 될 수 있다. 그러나 성경을 실제로 문자적으로 역사적으로 해석하면 또 다른 상황이 되는 것이다. 요나서를 해석하는 데도 학자들마다 각기 다른 입장을 취하여 서로 다른 해석을 하고 있다.

1. 요나서는 비유로 기록된 것이라고 한다.

비유라는 말은 하나의 진리를 설명하기 위해 사용된 예화이다. 예를 들어 누가복음의 선한 사마리아인의 비유는 어떤 법관이 예수님을 시험하기 위해 "내 이웃이 누구입니까?" 하고 묻는 질문에 대한 답을 하시기 위해 이 비유를 드셨다. 제사장이나 레위인이 중요한 것이 아니고 우리의 도움을 필요로 하는 사람이면 누구든지 내 이웃이고 또 내가 도움을 필요로 할 때 나를 돕는 사람이면 바로 그가 내 이웃이라는 사실을 설명하는 방법으로 선한 사마리아인의 비유를 드셨다.

만일 요나서 전체가 비유라면 요나서의 의미는 하나님은 존엄하시어서 우주 만물과 이방인들의 구원도 원하시는 하나님이시라는 뜻이다.

하나님의 명령에 불순종하면 자연의 위력을 이용해서라도 하나님의 섭리는 관철되어야 한다는 이론을 설명하기 위해 요나가 등장되고 폭풍이 일고 선원들이 등장되고 큰 물고기가 나오고 니느웨성 사람들이 전부 등장됐던 것은 하나의 진리 즉 하나님의 존엄성을 설명하는 방법으로 거론된 비유에 불과하고 세부적인 내용은 역사성과는 상관없고 재고의 가치가 없다는 해석이다.

2. 우화적 해석을 하는 사람들이 있다

우화적 해석법은 제일 쉬운 예가 이솝의 우화이다. 이솝의 우화에는 특별한 도덕적인 교훈을 하기 위해서 동물들을 많이 등장시켜서 늑대나 당나귀가 말을 하고 닭이 말을 하면서 특정한 사건을 통해 교훈을 하는 방법을 사용했다. 따라서 우화적으로 해석하면 모든 말에 의미를 붙일 수 있다. 그래서 요나서를 우화적으로 해석하면 요나는 이스라엘을 대표하는 사람이고 바다는 세상을 대표하는 것이고 고기는 바벨론을 대표하는 것이어서 불순종한 요나 즉 이스라엘 백성들이 하나님의 뜻을 어기고 불순종했을 때 입을 벌리고 기다리고 있던 고기가 요나를 삼켜 버린 것은 바벨론이 이스라엘을 침략해서 점령한 것에 해당하고 고기가 요나를 토해 낸 것은 바벨론 포로에서 돌아온 것을 의미한다고 설명하는 것이다. 그런데 우화적으로 해석하다 보면 나머지를 설명할 수 없게 되어 버린다. 왜냐하면 이스라엘이 그 이후에 온 세계를 돌아다니면서 복음전파를 못했던 것이다. 따라서 일부는 그럴 듯하게 우화적으로 해석하는 것이 가능하나 실제적으로 모든 부분을 정확하게 해석하는 것이 불가능하다.

3. 성경은 역사적으로 문법적으로 해석해야 한다.

요나서를 성경에 기록된 대로 해석하면 요나는 아밋대의 아들로 여로보암 2세 때 사역했던 선지자 중의 한 사람이고 하나님께서 친히 요나에게 니느웨성에 가서 하나님의 말씀을 전하라고 명하셨고 이유는 여하간에 요나는 하나님의 명령을 불순종하고 도망하려다가 배에서 내던짐을 받았을 때 큰 고기에게 삼킨 바 되어 고기 뱃속에 들어갔으나 하나님께서는 그의 섭리를 실천하시기 위해 고기를 명해 요나를 토해 내게 하심으로 요나가 니느웨성에 가서 복음을 전파했던 모든 일이 실제로 있었던 역사적인 사실이다. 요나서를 역사적인 사건으로 또 정확하게 문법적인 해석을 하는 경우 요나서의 주제는 하나님의 존엄성과 섭리의 필연적인 실현이다.

유대인들이 지키는 유월절의 첫 번째 날은 속죄의 날로 제사를 드리는 날인데 유월절 오후에 제사장이나 서기관이 하나님께서는 어떤 방법으로든지 죄인들을 구원하시는데 그 중에 하나는 하나님의 백성들을 사용하여 구원하신다는 것을 가르치는 방법으로 성전 안 뜰에서 요나서 전체를 낭독했다고 한다.

제 1 부

본문 주석

A. 하나님의 부르심과 요나의 반항 1:1-3

　하나님의 사람인 선지자 요나가 하나님의 부르심에 반항하고 오히려 엉뚱한 짓을 했던 사실을 기록하고 있는데 이것은 오늘날도 마찬가지로 하나님의 사역자들이 하나님의 말씀을 어기고 불순종할 가능성이 얼마든지 있다는 사실을 보여준다.

　요나가 니느웨로 가라는 하나님의 명령을 어기고 다시스로 도망가려 했던 것은 니느웨는 앗수리아 제국의 수도였고 앗수리아는 강대한 제국으로 그 당시 이스라엘에 가끔 침략해 와서 이스라엘을 핍박했었는데 역사적으로 앗수리아민족 즉 니느웨성 사람들은 매우 잔인하고 악독한 사람들이었기 때문에 전쟁에서 포로들을 잡으면 그냥 죽이는 것이 아니라 기름 가마에 끓여서 죽이든지 아니면 산 채 가죽을 벗겨서 죽이는 등 매우 잔인한 사람들이었다고 한다. 이 앗수리아는 지금의 시리아나 이라크 지방에 있었던 제국으로 이스라엘과는 접경지대에 있었고 기회만 있으면 침략해 와서 사람들을 잡아가고 재물을 약탈해 갔기 때문에 언제 또 침략해 올 것인가 하고 항상 전전긍긍하면서 살았다. 그럼에도 불구하고 하나님께서 이렇게 숙적과 같은 나라에 가서 말씀을 전하라는 것은 수긍이 안 가는 일이었다. 애국심이 강했던 요나는 설마 적국인 앗수리아의 수도 니느웨에 가서 말씀을 전하라고 하실 수가 있는가? 멸망하리라는 말은 모르지만 하나님의 말씀을 전해서 회개시키라고 하셨는데 만일 회개하면 하나님께서 니느웨성을 멸망시키시지 않을 것은 분명하기 때문에 요나로서는 용납할 수 없는 일이었다.

요나가 하나님의 명령이 잘못된 것이라고 자기 이성적인 생각으로 판단했고 그래서 하나님의 명령을 불순종하고 니느웨로 간 것이 아니라 다시스로 가기로 결정했던 사실을 비판하기 전에 우리 자신을 돌아볼 필요가 있다. 우리도 말로는 하나님을 섬기노라고 하고, 주님을 사랑한다고 하며 말씀에 순종하는 생활을 한다고 하지만 우리의 생활을 좀 더 구체적으로 분석해 보면 우리 자신의 이성적인 판단에 의해서 하나님의 명령에 불순종하는 예가 얼마든지 있다. 우리는 요나처럼 외국에 나가 선교하라는 명령은 받지 않았지만 매일 매일의 생활 가운데 주어지는 작은 명령들이 얼마든지 있다. 오늘 우리의 가정 생활, 즉 남편과 아내 사이의 관계, 부모와 자녀 사이의 관계 등을 올바로 유지하지 못하면서 조금 더 나아가서 정직하고 부지런하게 살라고 하신 명령이나 주의 몸된 교회를 위해 봉사하라는 명령, 그리고 네 이웃을 네 몸과 같이 사랑하라고 하신 명령 등이 우리에게 주어졌다. 이 모든 것은 오늘 우리가 지켜야 될 하나님의 명령으로 성경에 기록하신 것이다. 어떻게 하나님께서 이렇게 작은 명령들도 순종하지 못하는 성도들을 외국의 선교사로 가라고 명하겠는가?

1. 여호와의 말씀 - 품성화됐다

1:1 "여호와의 말씀이 아밋대의 아들 요나에게 임하니라 이르시되"

　여기에 말한 "여호와의 말씀"은 주어이다. 여호와의 말씀이란 존재가 품성화되어 사람처럼 왔다갔다 하시고 또 찾아와서 말할 수 있는 존재로 아밋대의 아들 요나에게 임하신(찾아오신) 사실을 말하고 있다.
　"임하니라"(וַיְהִי)고 한 히브리어 원어의 뜻은 계속해서 찾아왔다는 뜻이다.
　"이르시되"(לֵאמֹר)는 말했다는 뜻으로 아밋대의 아들 요나에게 찾아와서 말했다. '이르시되'라고 했는데 여기에서 "여호와의 말씀"(דְּבַר־יְהוָה)과 이르시되(לֵאמֹר־אָמַר)라는 단어는 완전히 다른 단어로 요한복음 1장에 나오는 로고스에 해당하는 것이 여호와의 말씀이고 "이르시되"(말했다)는 아멜(אָמַר)이라는 단어로 전혀 다른 단어를 사용하고 있다.
　여기에 "여호와의 말씀"이라고 불린 존재는 도성인신하시기 이전의 예수 그리스도라고 해석하는 것이 가장 정확한 해석이다.

2. 일어나라 가라 큰 성(니느웨로)

사도행전 1 : 8 - 땅 끝까지 쳐서 외쳐라(קְרָא עָלֶיהָ)
반대하여 외쳐라(Preach against it)

> 1:2- "너는 일어나 저 큰 성읍 니느웨로 가서 그것을 쳐서 외치라 그 악독이 내 앞에 상달하였음이니라 하시니라."

우리말 성경에는 "너는 일어나"라고 한 번만 말했는데 히브리어 원어에는 일어나라! 가라! 는 명령이 두 번 반복되어 있다. "쳐서 외치라"고 한 것은 반대하여 외쳐라, 즉 죄를 지적해서 외치라는 말로 해석할 수 있다. 여기에서는 반드시 설교를 하라거나 논쟁을, 혹은 웅변을 토하라고 한 것이 아니라 그냥 "외쳐라"(크라)라고 했는데 영어의 call (부른다)이라는 단어가 히브리어의 "크라"를 음역한 단어이다.

반드시 의미 있는 설교를 장황스럽게 하라는 뜻이 아니고 그냥 죄를 회개하지 않으면 하나님께서 너희를 멸망시킨다고 외치라고 명령한 것이다.

"쳐서 외쳐라"라는 지시는 사실을 사실대로 지적해서 죄는 죄로 부조리는 부조리로 부정 부패는 부정 부패로 완전히 지적해서 저들에게 심판이 다가올 것을 외치라고 명령하셨다는 뜻이다.

뉴욕의 리버사이드 교회에서 목회를 하고 있던 Norman Vincent Pears가 출판한 적극적인 사고 방식(Power of Positive

Thinking)이란 책이 1950년대 출판되면서 무엇이든지 적극적으로 생각하라는 사상이 유행되어 지금은 전 세계의 목회자들이 이런 사고방식에 의한 설교를 하고 있다. 그래서 목회자들이 설교를 하면서 죄를 지적하는 예가 드물다.

하나님이 진노하신다든지 하나님은 공의로우셔서 불의를 허용하시지 않으시는 분이라든지 인간은 타락했기 때문에 반드시 회개하고 하나님께 돌아와야 되며 십자가의 수난을 당하시고 돌아가신 예수 그리스도에게 돌아와서 죄를 회개하고 저를 영접하지 않으면 멸망할 수밖에 없고 영원한 지옥 불에 던짐을 받을 수밖에 없다는 등의 겁나고 두려운 설교는 피하고 오직 하나님의 사랑, 하나님께서 축복하신다, 하나님께서 필요한 것은 무엇이든지 공급하신다, 예수를 믿기만 하면 모든 세상 일이 술술 다 풀린다는 등의 긍정적인 설교로 사람들의 마음을 현혹하는 것이다.

그러나 성경에서는 그렇게 가르치지 않는다. 하나님은 진노하시는 하나님으로 투기하시는 하나님이셔서 우상 숭배하는 자들을 용서치 않으시고 그리스도의 보혈의 피로 구원함을 받지 못했으면 자동적으로 지옥 형벌을 받는 사실을 가르치고 있다. 니느웨 사람들은 대제국으로 거대한 도성을 형성하고 살고 있었다. 대도시를 형성했던 고로 필연적으로 범죄가 성해졌고 하나님을 저버리고 여러 가지 범죄가 성했던 것은 당연했다. 그러므로 하나님께서 요나에게 명령하셨던 것은 일어서서 저 큰 성 니느웨로 가서 그것을 쳐서 외치라 하셨다. 그 외치라는 내용은 몇 날이 못되어 하나님께서 심판해서 온 니느웨성을 멸망시키겠다는 것이었다. 그러면서 보충해서 말씀하신 것이 "악독이 내게 상달하였음이니라"였다.

3. 악독이 내게 상달했다

1:2b - "그 악독이 내 앞에 상달하였음이니라"

세상에서 이루어지고 있는 사건이 하나님의 면전에 남김없이 상달된다.

하나님의 임재성 ┌ 도덕적 부패상
             ├ 사회적 부패상
             └ 정치적 부패상

이 세상은 우리만 사는 세상이 아니다

 1. 말씀이 와서 말한다 - 하나님의 뜻을 인간들에게 전달한다.
 2. 세상에 되어지는 일들이 하나님께 상달된다.
 여호와의 말씀이 하늘에서 지상으로 아밋대의 아들 요나에게 전달이 됐다. 또 니느웨 백성들의 악독이 하나님께 상달됐다.
 기독교 사상 가운데 자연신주의라는 사상이 있다. 이 이론에 의하면 하나님은 초자연적이고 초월하시는 하나님으로 이 우주 만물을 완전무결하게 창조하신 후에는 이 자연 즉 물질 세계에서는 후퇴하셔서 이 세상의 지저분한 인간 문제나 사회문제에는 간섭하지 않으신다는 이론이다. 따라서 이 세상은 자연법칙에 의해 인간의 역사를 포함한 모든 우주 만물이 운영된다고 주장한다. 하나님께서는 죄악이 가득한 인간 사회의 문제에 직접 관여하시지 않기 때문에 이론상 사람이 만물의 영장이라고 주장하는 것이 가능한 것이다. 그래서 이 세상 인간의 역사나 자연 만물을 지배하는 것이 하나님이 아니라 인간들이라는 결론이 나오는 것이다. 이 이론은 하나님을 상층 구조에 떠밀어 올린 후 문을 잠그면서 "하나님은 내려오시지 마십시오, 우리 인간들의 문제는 우리끼리 해결하겠습니다"라고 말한 태도이다. 다시 말해서 하나님의 초월성을 강조하면서 하나님의 임재성은 강조하지 않았던 것이 지나간 과거 일부 개신교의 특성이었다. 이 같은 자연신주의의 가장 대표적인 예가 독일에서 발생한 구원사학파이다. 이 구원사학파의 이론에 의하면 하나님께서 관심을 가지신 것은 죄인들이 회개하고 하나님께로 돌아오는 구원에만 있고 실제로 인간과 인간관계, 인간과 사회 관계, 민족과 민족 관계, 인간과 자연과의 관계 같은 실제 역사(History) 부분은 하나님께서 방치해 버리신 부분인 고로 죄악이 관영한 것이라고 주장했다. 이 같은 이론은 지나간 과거 100-120여년 동안 개신교 신학을 지배해 온 사상 중의 하나이다.

하나님의 임재성을 너무 소홀히 함으로 그 반사작용으로 일어난 것이 오순절, 순복음, 혹은 은사운동 등이다. 그래서 "내가 뜨거운 체험을 했다, 내가 은사를 받아 방언을 했다"는 등 성령의 임재성을 강조하는 경향이 생겼다. 그러나 우리가 성경을 옳게 읽으면 하나님께서 인간의 역사에 무관심하시다든지 자연 만물에 대해 무관심하시다는 사고방식은 눈을 씻고 찾아보려고 해도 찾아볼 수 없는 사상이다. 하나님께서는 자연 만물의 운행에 대해서도 밀접한 관심을 가지고 관찰하실 뿐만 아니라 인간들의 역사에 대해서도 지대한 관심을 가지고 계신 까닭에 국가의 흥망성쇠(다니엘서), 개인의 신앙생활, 혹은 죄 짓는 생활 같은 것에 철저하게 관심을 기울이심으로 우리의 행동만 관찰하시는 것이 아니라 우리의 생각이나 감정도 관찰하시고 내가 내 아내, 내 남편, 내 자녀들과 어떤 관계를 유지하고 있는지, 내 이웃과 어떤 관계를 가지고 있는지, 사회에 대해서 어떤 태도를 가지고 살고 있는지를 깊은 관심을 가지고 관찰하고 계시다. 이 같은 사실을 요나서가 이런 말로 표시했다.

"그 악독이 내 앞에 상달됐다" 다시 말하면 하늘과 지상, 천국과 이 세상은 문이 닫혀 있는 것이 아니라 문이 활짝 열려 있어서 하나님께서 어느 때든지 인간의 역사 가운데 들어오시고 개인의 생활 가운데 들어오셔서 모든 일을 관찰하시는 반면에 인간들이 행하는 악한 것, 선한 것, 신앙적인 생활이나 불신앙의 생활 등 하나도 남김 없이 상달되는 것이다.

성경에 보면 여호와의 말씀이 세상에 살고 있는 요나에게 말씀하시고 니느웨 사람들의 악독이 상달된 사실을 지적하고 있는 사실에 근거해 볼 때 천국과 세상은 우리 편에서 보면 거리가 먼 것이지만 하나님 편에서는 어느 때든지 찾아오셔서 당신이 원하시는 진리의 말씀을 계시하실 수가 있고 이 세상에서 사람들이 가지는 감정 혹은 서로 투기하고 질시하는 것, 음모 술수, 남을 해치려고 거짓말을 하고 비평하고 다니는 것 같은 것 하나도 놓치지 않고 모두 다 상달돼서 하나님은 마치 손바닥을 들여다보는 것처럼 우리 인간사회에서 이루어지는 모든 사실들을 자세히 알고 계시다.

무신론자에는 두 종류가 있다. 그 하나는 이론적인 무신론자이다. 이론적인 무신론자는 입으로 하나님이 계시지 않는다고 말하는 사람들이다. 까뮤나 마르크스 같은 사람들이 이론적인 무신론자들의 예이다. 반면에 실제적인 무신론자들이 있다.

사람들의 생활을 자세히 관찰해 보면 하나님이 살아 계시는 까닭에 하나님을 두려워하는 태도로 자기에게 주어진 사역을 성실하게 정직하게 감당하며 모든 사람들을 하나님의 형상을 가진 존재로 친형제 자매처럼 인격적으로 존중하는 생활을 하는 사람들이 있는가 하면 그 반대로 하나님이 계시지 않는 것처럼 행동하는 무신론자들이 있다. 불행스러운 것은 목회자들 중에도 실제적인 무신론자들이 많이 있는 것이다.

칸트는 "사람을 목적으로 생각하지 수단으로 생각지 말라"고 말했다. 모든 사람들을 인격적으로 사랑의 대상으로 또 의미 있는 관계를 형성하는 대상으로만 생각하고 내 이익이나, 내 성공을 위해 이용물로 취급하지 말라는 뜻이다.

교회에서도 자칫 잘못하면 교인들을 이용물로 생각하게 되는데 교인을 숫자로 계산하고 또는 헌금의 액수로 교인들을 저울질하는 사람이 있으면 이것은 마치 생산성만 계산하는 사업가의 태도요 교인들을 수단으로 생각하는 것이다. 이런 태도는 전혀 하나님께서 용납지 않으신다.

정직하게 살려고 노력하는 사람은 어렵고 괴로운 일을 당할 때가 많이 있고 어떤 때는 속는 줄 뻔히 알면서도 속아 주는 경우도 얼마든지 있다. 둔해서 속는 것도 아니고 바보라서 속는 것도 아니다 "또 나를 속이고 있구나" 하고 상대방이 속이는 것을 다 알지만 싸우기 싫으니까 참고 속아 주는 것뿐이다. 인간 세상에서 이루어지는 모든 선한 일들뿐만 아니라 하나님의 섭리에 어그러지는 모든 악독한 것이 하나도 숨김 없이 다 하나님에게 상달된다. 이 세상에서 범죄하고 그것을 속이려고 할 때, 또 경찰의 눈을 피해 다녀야만 하는 사람들의 고통은 이루 다 말로 표현할 수 없다. 하물며 하나님 앞에서 범죄하고 하나님의 눈을 피해 도망할 수 있다고 생각하는 것은 어리석기 짝이 없는 일이다. "그 악독이 내 앞에 상달하였음이니라"는 말씀대로 이 세상에 돌아가는 모든 악한 것이 하나님 앞에 상달되는 것이다.

3·15 부정선거를 반대하던 김주열 군을 죽여서 물에 던진 시체가 떠오르는 것을 계기로 4·18 고대 데모 사건이 일어났고 이어서 자유당 정권이 무너지는 것을 보았다. 자유당 정권 때는 지금처럼 비자금 문제는 상상도 못했다. 이기붕 씨의 집에서 아직 철이 이른 수박이 나온 것을 신문지

상에서 대서특필로 때렸을 정도였다. 한 번 이렇게 부정선거 때문에 자유당 정권이 무너지는 것을 보고 "민심이 천심이라더니 참으로 하나님이 살아 계시는구나"라고 교훈을 받아 두 번 다시 부정선거는 없었어야 한다. 그런데 날이 갈수록 부정 선거는 더 심해져서 투표권자 한 사람 한 사람을 돈으로 매수한 사건으로 고소를 당하는 일이 비일비재하며 투표함도 압수 당해 법원에서 관리하는 등 부패된 일면들을 보여주고 있었다.

대한민국의 짧은 역사에도 자유당 정권이 무너져 대통령이 하야를 했고 공화당 정권이 무너지고 또 전직 대통령 두 사람이 법정에 끌려 다니고 감옥에 간 일찍이 역사에 없는 부끄러운 사건들이 있었으니 지금쯤은 한국 백성들이 정신을 번쩍 차리고 바르게, 진실되게 살아야 되겠다는 각오를 할 법한데 현실은 그렇지 못하다.

타락한 아담의 자손들은 악을 행하는 것을 멈추지 못한다. 그것은 자기들의 본성인 까닭이다. 그러나 하나님께서 그런 것을 그냥 두시지는 않고 반드시 어느 때인가는 심판을 하신다. 사실은 인간의 법망에 걸려서 재판을 받는 정도는 별것이 아니다. 하나님의 심판을 받아서 지옥 형벌을 받게 되는 것은 10년이나 50년이나 100년이 아니라 영원히 형벌을 받게 되는 것이다.

영원이란 기간은 끝이 없는 기간이므로 사람들이 감당하기에는 너무나 긴 기간이다. 이 세상에서 50-100년 동안 하나님을 잘 믿고 정직하고 진실되게 삶으로 가난해서 남에게 비웃음을 받으면서 살다가 죽어서 영원한 축복에 들어가는 것과 이 세상 60년 혹은 100년 동안 잔재주를 부려 호화롭게 살다가 죽어서 하나님의 심판을 받아 영원토록 지옥 형벌을 받는 것은 비례적으로 너무나 큰 차이가 있다. 인간들의 모든 생활을 일일이 관찰하고 계신 하나님께서 필연적으로 심판하신다는 사실을 요나서에서 잘 보여주고 있다.

B. 하나님께서 폭풍을 일으키셨다 1:4-6

4 "여호와께서 대풍을 바다 위에 내리시매 바다 가운데 폭풍이 대작하여 배가 거의 깨어지게 된지라…"

하나님이 폭풍을 일으키셨던 것은 하나님께서 회개하고 돌아오게 하시기 위해서 자연을 지배하시는 능력을 과시하신 행위이다. 하나님께서는 인간의 역사, 사생활 등에만 지대한 관심을 가지신 것이 아니라 필요할 때 얼마든지 자연을 이용하신다.

하바드대학의 세속신학자인 칵스(Harvy Cox)는 모세가 창세기를 기록했을 때 자연과 하나님을 분리시켜 하나님께서 우주 만물을 창조하셨던 이유를 옳게 이해하면 우주 만물 가운데는 신이 존재하는 것이 아니라 단순한 물질로만 존재한다는 것을 의미하는 것이라고 하면서 성경에 근거해서 세속화 신학의 기본적인 원리를 제시했다.

자연과학의 발전과 함께 인간들은 자연 속에서 하나님을 제거했다. 천둥 벼락이 칠 때 저것이 혹시 하나님의 진노가 아닌가 하고 생각해 보는 사람이 없다. 전류가 흐르다가 천둥 벼락이 났다고 과학적인 이론으로 설명해 버린다. 오랜 가뭄이 들어 폐농을 하게 되어도 하나님의 진노가 아닌가 생각해 보지 않고 이상 기온이 계속되어 가뭄이 든다고 자연과학적인 해석을 한다. 대지진이 나서 온 도시가 불바다가 되어도 혹시 이것이 하나님의 진노가 아닌가 질문해 보지 않고 화산 지대이니까 화산이 터져서 피해를 입었다고 생각해 버릴 만큼 사람들이 영적인 문제에 대해 무감각해졌다. 그러나 성경을 올바로 읽으면 하나님께서 모든 자연을 지배하셔서 어떤 때는 심판의 방법으로 혹은 축복의 방법으로 사용하신다는 사실을 부인할 수 없다.

자연 과학자들이 자연현상을 과학적인 이론으로 설명하려고 노력하나 그 이론이 반드시 정확하게 들어맞지는 않는다. 최근에 지성인들의 세계에서 혼돈론(Chaos Theory)이라는 새로운 이론이 소개됐다. 컴퓨터가 발명된 뒤로 천문학자들이나 기상학자들이 온 세계에서 보고되는 모든 기상 상황, 즉 자연의 움직임을 전부 컴퓨터에 집어넣어 계산을 해서 일기예보를 하기 때문에 그 일기 예보는 정확해야 한다. 그럼에도 일기예보가 항상 정확하게 맞지 않는 것이 사실이다. 과학자들은 이렇게 자연적인 상황을 컴퓨터로 정확하게 계산을 하면 일기예보가 100% 맞아야 하는데 맞는 예보다는 맞지 않는 예가 더 많다. 따라서 자연에는 혼돈 상태가 존재하는 것 같다는 결론이 나와서 혼돈론(Chaos Theory)이라고 부르는 것이다. 이같은 혼돈론을 증거하는 사건으로 담배를 피우다가 놔두면 연기가 올라가는데 잘 관찰해 보면 그 연기가 일직선으로 올라가지 않는다. 비디오 카메라로 찍어서 비교를 하면 올라가는 연기 무늬가 한

개도 같은 것이 없이 완전히 다르다는 것이다.

뿐만 아니라 나비의 영향(butterfly effect)이라는 이론이 있는데 이것은 상해에 있는 공원에서 나비 한 마리가 날아가면서 날개를 친 공기 파동이 퍼져 나가면서 점점 커지고 또 커져서 지구를 한 바퀴 돌아 뉴욕까지 왔을 때는 대폭풍으로 변할 수 있다고 한다. 한편 시베리아나 중국 신강성 같은 데서 원자폭탄을 폭발하는 실험을 했을 경우 이 폭발하는 파장이 점점 커져서 뉴욕에 왔을 때는 뉴욕 전체가 날아갈 정도의 대폭풍이 됐어야 한다. 그런데 원자탄을 터트려서 굉장한 자연의 변화가 일어났는데도 큰 파장을 일으키는 것이 아니라 푹석 꺼져 없어져서 전혀 다른 지역에는 아무 영향을 미치지 않는 예도 얼마든지 있다. 또 누구나 다 잘 아는 대로 눈이 올 때 바람에 날려 깨어지지 않는 한 어느 때든지 6각형이다. 그런데 6각형의 눈이 수십억 개가 떨어져도 하나도 같은 무늬가 아닌, 그러나 틀림없는 6각형의 눈이 떨어지는데 왜 전부 6각형인가? 왜 6각형이면서도 다 다른 모양인가 하는 것을 과학자들이 설명하지 못한다. 하나님은 예술적이고 재미 있으신 분이어서 눈 한 개, 한 개를 전부 예술적으로 만드셨다는 설명 외에 다른 설명을 할 수 없다. 자연 가운데는 질서가 있는 것 같기도 하고 없는 것 같기도 하고… 자연과학만으로는 설명할 수 없는 미지의 상태, 혼돈 상태가 존재하는 사실을 인정하는 것이 혼존론이다. 그러나 이 모든 미지의 상태 혹은 혼돈 상태는 하나님께서 자연 가운데 역사하시는 일이란 사실을 받아들이면 자연 가운데 기사와 이적이 일어나는 것이 전혀 이상

한 일이 아니라 얼마든지 있을 수 있는 사건이라는 결론이 나온다.

　요나가 하나님의 명령을 거역하고 다시스로 도망가려고 했을 때 하나님께서 폭풍우를 사용하셔서 요나의 가는 길을 막으셨던 것은 전혀 이상한 일이 아니라 얼마든지 있을 수 있는 일이었다.

5- "사공이 두려워하여 각각 자기의 신을 부르고 또 배를 가볍게 하려고 그 가운데 물건을 바다에 던지니라"

　기독교인들이 신앙생활을 소홀히 하는데 오히려 하나님을 믿지 않고 우상을 섬기거나 다른 종교를 섬기는 사람들이 어떤 때는 더 종교적인 것을 발견할 수 있다. 그러나 성서적으로 볼 때 이런 사람들은 영원한 진리, 또는 참된 진리를 제시하는 신을 믿는 것이 아니라 막연하게 아무것이나 믿고 있는 것에 불과하다. 선원들은 이방 신을 막연하게 믿는 자기들이면서도 그 신에게 열심히 간구했을 뿐만 아니라 배를 가볍게 해서 파선을 면해 보려고 물건들을 바다에 던짐으로 자기들이 할 수 있는 일은 최선을 다했던 것을 발견하게 된다.

　성경이 제시하시는 신은 우주 만물을 창조하신 하나님이실 뿐만 아니라 모든 생명을 주장하시는 궁극적인 생명의 원천이시다. 또한 우주 만물을 심판하시어서 이 우주의 모든 총결론을 내리실 분이시라는 사실을 성경이 분명히 전하고 있다. 따라서 하나님을 믿는 열성이 있다면 기독교인들에게서 다른 어떤 종교인보다도 **훨씬 더 돈독한 신앙**이 나타나야 한다.

6- "요나는 배 밑층에 내려가서 누워 깊이 잠이 든지라"

요나는 우선 말씀을 거역하고 자기 사명을 포기해 버렸다. 그러고 나니까 할 일이 없는 사람이 되어 버렸다. 그래서 배를 타고 다시스로 가기는 가지만 배 밑창에 들어가서 폭풍이 일거나 말거나 깊은 잠에 들어간 것이다. 폭풍이 일었을 때 선원들은 자기들의 신에게 열심히 기도했으나 요나는 깊은 잠에 빠져 기도조차 할 수 없는 상태에 들어갔다.

7- "그들이 서로 이르되 자 우리가 제비를 뽑아 이 재앙이 누구로 인하여 우리에게 임하였나 알자 하고 곧 제비를 뽑으니 제비가 요나에게 당한지라"

이방 선원들이 폭풍이 왜 일어났는지 폭풍의 원인을 발견하기 위해서 노력했다. 그래서 선장이 잠자고 있는 요나를 깨웠다. 그럴 뿐만 아니라 제비를 뽑아 누구 때문에 이 폭풍이 일어났는지를 발견하자고 제의해서 제비를 뽑으니 요나가 제비에 뽑혔다. 하나님께서 제비를 이용하셔서 요나의 범죄를 회개하도록 역사하셨던 것이다. 과학 만능 시대가 되니까 현대인들은 천재지변을 당했을 때 으레 자연현상의 일환 속에 이루어지는 것으로만 생각하고 하나님께서 자연을 통해서 우리에게 회개를 촉구하시고 돈독한 신앙을 유지하기를 요구하신다는 사실을 생각하는 기능이 마비되었다.

> 8- "무리가 그에게 이르되 청컨대 이 재앙이 무슨 연고로 우리에게 임하였는가 고하라 네 생업이 무엇이며 어디서 왔으며 고국이 어디며 어느 민족에 속하였느냐"

이방 선원들이 요나에게 "네 생업이 무엇이고, 어디서 왔으며, 고국이 어디며, 어느 민족에 속했느냐"고 자세하게 질문을 했다. 옛날 이스라엘 백성들의 선지자들은 복장도 달랐고 몸가짐이 달라서 선지자들은 유대인들 중에서도 표가 났었다. 요나는 하나님의 명령을 저버리고 도망하는 사람이었기 때문에 자기를 위장했던 것 같다. 그래서 유대인인 것을 알아볼 수 없었고 더구나 선지자인 것도 알아볼 수 없게 변장을 하고 도망했던 것 같다.

> 9-10 "그가 대답하되 나는 히브리 사람이요 바다와 육지를 지으신 하늘의 하나님 여호와를 경외하는 자로라 하고 자기가 여호와의 낯을 피함인 줄을 그들에게 고하였으므로 무리가 알고 심히 두려워하여 이르되 네가 어찌하여 이렇게 행하였느냐 하니라."

하나님의 명령을 불순종했지만 이방인 선원들 앞에서 자기 신분을 가리려고 변명하고 거짓말하지 않고 나는 히브리 사람이요 바다와 육지를 지으신 하늘의 하나님 여호와를 경외하는 자로라고 자기 신분을 밝힐 뿐만 아니라 자신이 여호와의 말씀을 거역하고 도망하려던 사실을 고백했다. 이러한 사실은 적어도 요나가 정직했던 사람인 것이 증거된다.

요나가 자신은 만물을 창조하신 하나님의 선지자라고 고백했을 때 이방 신을 섬기던 선원들이 심히 두려워했다고 했다. 한편 바다가 점점 흉용해지니까 "우리가 너를 어떻게 하여야 바다가 우리를 위하여 잔잔하겠느냐"고 오히려 선원들이 요나에게 물었다.

"나를 들어 바다에 던지라 그리하면 바다가 너희를 위하여 잔잔하리라"고 자신이 불순종해서 일어난 사건에 대해 용감하게 책임을 지는 태도를 보였다. 현대 기독교인들도 신앙생활을 할 때 자신이 만물을 창조하신 하나님의 자녀인 사실을 자랑스럽게 발표할 수 있을 뿐만 아니라 나를 구원하신 예수를 위한 증인된 직분을 감당하기 위한 최선의 노력을 해야 한다.

제 1 장

불순종의 결과

요나서 1:11-17
하나님께 불순종하면 반드시 벌을 받는다

서 론

1. 불편한 자리

  흔히 요나는 하나님의 말씀을 불순종한 사람이기 때문에 나쁜 사람이라는 선입견을 갖는 경향이 있다.
  그러나 1:11-17절까지를 보면 요나는 자신의 죄를 인정하고 자신이 지은 죄에 대한 형벌을 달게 받을 각오를 하고 있는 면을 보여주고 있다.
  한편 선원들은 잡신을 섬기는 이방인들이었지만 전혀 비인간적인 사람들이 아니고 오히려 요나를 바다에 던지지 않고 구출하기 위해 끝까지 진지하게 노력하다가 결과적으로 하나님의 진노를 인간의 노력으로는 피할 방법이 없음을 깨닫고 할 수 없이 요나를 바다에 던지고 나서 바다가 잠잠해지니 하나님을 두려워해서 하나님 앞에 예물을 바치고 그 앞에서 서원한 사실을 발견하게 된다.

한국 기독교에 전해진 잘못된 사상 중에 하나는 선민 의식이다. 기독교인들은 영적인 이스라엘로 선민이고 예수를 믿지 않는 사람들은 구약의 개념 그대로 이방인들이라고 생각한다.

이것은 원래 17-18세기에 서방 기독교권에서 발생했던 백인 우월주의 사상의 한 양상인데 개신교 신학권에서 백인 우월주의 사상이 형성됐던 것은 서방 유럽 제국이 문예혁명이나 산업혁명으로 인해 문화가 발전하면서 식민정책에 나섰다. 아프리카, 인도, 인도네시아 등을 전부 점령해서 식민지를 만드는 과정에서 식민정책을 정당화하기 위해서 백인은 지배할 수 있는 자격과 권리가 있는 사람들로 만들고 유색인종들은 식민지 백성이나 노예처럼 지배받을 수밖에 없는 종족으로 전락시켜 놓고 이것을 신학적으로 정당화하는 방법으로 구약성경으로 소급해 올라가서 노아의 아들 중에 함은 흑인들의 조상이고 셈족은 아랍 사람들의 조상이고 야벳이 백인들의 조상인데 노아가 자기 자식인 함에게 너희 자손들이 야벳의 장막에 혹은 셈의 장막에서 종노릇할 것이라고 저주한 사실에 근거해서 유색인종들은 함의 자손들이기 때문에 백인들이 식민화하는 것이 당연하다고 주장했다. 그런 사상이 개신교 신학에 그대로 도입돼서 기독교권에서 백인우월주의 사상으로 발전됐다.

특별히 이같은 백인 우월주의 사상은 장로교 신학의 이

중 예정설에 근거해서 자신들은 하나님의 특별하신 섭리에 의해 선택함을 받은 사람들인 고로 선민이라고 주장하면서 예수를 믿지 않는 사람들은 선택에서 누락된 천한 인생들이라고 철저하게 구별을 해 왔다. 유대인들이 하나님의 말씀을 잘못 오해해서 선민사상에 사로잡혔고 하나님을 민족 신화함으로 결과적으로 하나님의 처벌을 받았던 것처럼 개신교 신학에서도 지나간 수년 동안 하나님을 백인들만의 하나님인 것처럼 잘못 취급하는 경향이 생겼던 것은 두려운 일이다.

요나는 하나님의 말씀을 불순종했던 사람이기는 했지만 적어도 정직한 사람이었던 것을 볼 수 있다. 흉흉한 바다의 노한 물결 속에서 생사의 기로에 있는 선원들이나 선객들은 조금만 잘못 건드리면 흥분해서 무슨 일을 저지를지 모르는 살벌한 분위기 속에서도 겁을 먹고 비굴해지지 않고 오히려 차분하게 이 폭풍은 자기로 인해 일어난 것임을 시인했다.

바다가 점점 더 흉흉하게 됨으로 선원들이 "우리가 너를 어떻게 하여야 바다가 우리를 위하여 잔잔하겠느냐"고 요나의 의견을 물었다. "나를 들어 바다에 던지라 그리하면 바다가 너희를 위하여 잔잔하리라…"고 말했다. 요나는 "나로 인해 폭풍이 일어난 것은 사실이지만 설마 하나님께서 우리를 다 죽이시겠는가 몇 시간만 참고 견디면 하나님께서 바다를 잠잠케 하실 가능성이 있으니 조금만 더 기다려 달라"고 애원하지 않았다.

요나는 전혀 변명이나 애걸하지 않고 태연하게 "나를 바다에 던지라"고 말함으로 자신이 저지른 일에 대해서 철저하게 책임을 지는 태도를 보였다. 그래도 선원들은 차마 산 사람을 바다에 던질 수 없으니 어떤 방법으로든지 이 폭풍 속을 헤치고 생명을 건져 보려고 노력했다.

아담 이래 모든 사람들은 자기가 저지른 죄를 누구에겐가 전가시키려는 경향이 있다. 아담이 선악과를 따먹은 후에 하나님께서 책망하시니까,

"하나님께서 창조해 주신 하와가 먹으라고 해서 할 수 없이 먹었습니다." 또 하와에게 왜 선악과를 먹었느냐 물으시니까,

"하나님께서 창조하신 뱀이 나를 유혹했기 때문에 먹었습니다"라고 대답했다.

이것은 아담과 하와 그리고 뱀 사이에만 있는 사건이 아니다. 자기의 과오를 시인하지 않고 다른 사람에게 책임을 전가시키려는 것은 우리의 가정 생활에서, 사회 생활에서, 교회 생활에서 얼마든지 볼 수 있다. 더 나아가서는 정치가들이 잘못했기 때문에, 혹은 대통령이 잘못했기 때문에 라고 하면서 항상 누구에겐가에게 책임을 전가하기에 급급할 뿐 자기의 과오에 대해 책임을 지려는 사람은 극히 드물다. 그러나 요나는 궁지에 몰렸을 때 적어도 선지자로서 하나님의 종답게 내가 범죄했다. 폭풍이 잔잔해지는 방법은 나를 바다에 던지는 일 외에 다른 방법이 없다고 정직하게 자기가 한 행위에 대해 책임지는 말을 했다.

신앙 공동체가 정상적으로 발전하기 위해서 또 주님을

믿는 하나님의 백성들이 다른 사람들에게 비평의 대상이 되지 않고 존경받는 비결은 우리의 실수나 잘못을 비굴하게 변명하거나 남에게 뒤집어 씌우지 말고 정직하게 고백하고 책임을 질 줄 아는 데 있다.

A. 이방인들의 손에 자신을 맡겼다 13-15

요나가 "나는 히브리 사람이요 바다와 육지를 지으신 하늘의 하나님 여호와를 경외하는 자로라"라고 자신이 하나님의 명령을 어기고 하나님의 낯을 피해 도망가던 사실을 고백할 때 너는 유대인이고 더구나 하나님의 선지자인 네가 어떻게 이런 일을(하나님의 명령에 불순종하는) 할 수 있었느냐고 오히려 이방인들에게 책망을 받았다. 요나가 자신의 잘못을 고백하고 자기를 바다에 던지라고 고백하는 말을 했어도 선원들은 오히려 힘써 노를 저어 배를 육지에 돌려보려고 노력했다. 그러나 바다는 그들을 향해 점점 더 흉흉해졌다.

요나가 다시스로 도망하려 하여 욥바로 내려갔다고 했는데 학자들의 이론에 의하면 욥바는 갈멜산 밑으로 내려오다가 중간 지점에 있는 항구로 굴곡이 있어서 피할 수 있는 곳이 아니고 밋밋하게 해안선이 수직으로 그어진 자리에 있는 항구로 제방이나 항구 시설이 잘 되어 있지 않았기 때문에 바로 바다 앞 항구에서 폭풍이 일 수 있는 곳이었다. 그래서 욥바에서 떠났을 때 항구가 거의 눈으로 볼 수 있는

지점에서 폭풍이 일어났던 것 같고 그래서 노력만 하면 다시 항구로 되돌아가는 것이 별로 어렵지 않은 상태에 있었던 것 같다고 주장한다. 그런 까닭에 선원들이 열심히 노를 저어서 다시 항구로 돌아가 보려고 노력했으나 폭풍이 점점 더 흉흉해지기 때문에 항구로 다시 들어가지 못했던 것이다. 하나님의 초자연적인 능력으로 풍랑을 일으키셨기 때문에 선원들의 노력으로는 욥바 항구에 다시 들어갈 수 있는 상황이 아니었다.

B. 이방인들에게 하나님이 증거됐다

이방 선원들이 하나님께 기도를 하는 모습이 14절에 나타난다.

"여호와께 부르짖어 가로되 여호와여 구하고 구하오니 이 사람의 생명 까닭에 우리를 멸망시키지 마옵소서 무죄한 피를 우리에게 돌리지 마옵소서 주 여호와께서는 주의 뜻대로 행하심이니이다"

선원들은 요나를 바다에 던지지 않고 다시 항구로 돌아가 보려고 진지한 노력을 했다. 몇 시간을 했는지는 모르지만 철저하게 노력을 했다. 그럼에도 불구하고 도저히 항구로 들어갈 수 없음을 발견하고 요나가 지시했던 대로 그를 바다에 던지기로 결정을 하기는 했으나 요나와 하나님과의 관계를 잘 이해하지 못하는 선원들이 볼 때는 사실 요나가 살인 강도가 아니고 남을 사기하고 도망하거나 폭행을 한

흉악범이 아니다. 그렇기 때문에 요나는 무죄한 사람이었다. 그러므로 이 무죄한 사람을 바다에 던졌다가 천벌을 받는 것이 두려워서 "무죄한 피를 우리에게 돌리지 마옵소서"라고 간절한 마음으로 하나님에게 기도를 드린 것이다. 이방 선원들이지만 자기들이 생각했을 때 요나가 무죄한데 요나에게 피해를 입히면 하나님의 진노를 받아 자기들도 천벌을 받을 가능성이 있는 사실을 의식해서 요나가 자신이 죄인임을 인정했음에도 불구하고 하나님 앞에 "이 사람의 무죄한 피를 우리에게 돌리지 마옵소서"라고 간절한 마음으로 하나님께 기도 드리는 것이다. 인생을 살다가 보면 부지중에 남에게 피해를 입히는 경우가 가끔 있다. 피해를 입혔을 때 자신의 잘못을 회개하고 사과해야지 그렇지 않고 남에게 죄를 뒤집어씌우는 것은 잘못이다.

요나서를 눈으로만 훑어 읽지 말고 마음 깊이 새겨 읽으면 요나가 비록 하나님의 명령을 어기고 도망하려고 했으나 적어도 정직하게 자기 잘못에 대해서 책임을 지려고 한 사실은 우리보다 훨씬 나은 태도임을 느낄 수가 있다. 그뿐만 아니라 선원들은 이방인들이었지만 요나가 고백하는 말을 듣고 "이 나쁜 놈! 너 하나 때문에 우리까지 이렇게 죽게 됐구나"라고 두 번 생각해 보지 않고 당장에 요나를 바다에 던진 것이 아니라 어떻게 해서든지 무죄한 사람의 피를 흘리지 않으려고 노력한 것을 보면 우리도 내 판단에 의해서 내 이권을 위해서 무죄한 사람에게 피해를 입히지 않으려는 노력을 철저히 할 필요가 있다.

"여호와께서는 주의 뜻대로 행하심이니이다"라고 이방

선원들의 입을 통해 하나님은 섭리를 결정하셔서 그 섭리대로 모든 일을 처리해 나가시는 분이시라는 사실을 분명히 밝히고 있다. 가끔 우리는 하나님께서 우리들의 생활 속에 들어오셔서 기사와 이적을 베푸시고 병을 고쳐 주시고 내가 원하는 소원을 그때그때 다 이루어 주시면 참 좋겠다고 생각할 때가 많다.

그러나 하나님께서 오래 참고 계심으로 우리가 실수를 해서 남에게 피해를 입히고 알게 모르게 많은 죄를 지으면서 살아가는 데도 관대하게 넘겨 버리시는 때가 더 많으니까 사람이 살 수 있다. 만일 우리 가운데 계신 하나님께서 우리를 축복하시고 보호해 주실 뿐만 아니라 우리가 실수할 때마다 처벌하시고 범죄할 때마다 징계하시면 몸서리쳐지게 무섭고 떨려서 살 수가 없게 될 것이다. 실제로 우리가 스스로 하나님의 임재하시는 사실과 하나님께서 내 행동이나, 생각, 또는 감정 상태를 전부 감찰하고 계시다는 사실을 느끼면서 조심스럽게 사는 것이 좋은 신앙생활을 하는 태도이다.

하나님께서 풍랑을 일으키셨던 유일한 이유가 요나를 처벌하시기 위한 것이었기 때문에 선원들이 요나를 들어 바다에 던지니까 바다의 뛰노는 것이 곧 그쳤다. 요나서 전체가 우리에게 보여주는 하나님은 존엄하신 분이셔서 인간들만이 아니라 자연, 그리고 모든 만물을 지배하시는 하나님이시다. 이제까지 설명한 대로 하나님께서는 폭풍을 지배하셨다. 또 큰 물고기를 준비하셔서 요나를 삼키게 하셨는데 큰 고기는 바다 깊은 곳에만 살고 있지 낮은 항구 근처에 살지는 않는다. 그러나 하나님께서 큰 고기에게 명령하셔서 항구 근처에 와 있다가 내던지는 요나를 삼키도록 지배하셨다.

요나서 4장 6절에 보면 사막에 누가 심은 일도 없는데 박넝쿨이 나서 그늘을 만들어 줌으로 요나가 그 그늘에 앉아서 니느웨성이 망하기를 기다리고 있는 모습을 서술하고 있다. 사람이 살지 않는 니느웨성 밖에 심은 사람이 없는데 어떻게 박넝쿨이 날 수 있었는가? 물론 하나님의 초자연적인 능력으로 짐승에게 박씨를 물어다 떨어뜨리게 했던지 아니면 하나님께서 직접 박넝쿨씨가 공중 비행을 해서 떨어지게 하셨던 지간에 자연을 지배하시는 하나님께서 사막에 박넝쿨이 나게 하셨던 것이다. 그럴 뿐만 아니라 요나가 박넝쿨로 인해 심히 기뻐하면서 그 그늘 밑에서 위안을 받고 있을 때 하나님께서 벌레를 준비하셔서 그 박넝쿨을 씹게 하셔서 박넝쿨이 시들게 하셨다. 곤충도 하나님께서 지배하셔서 하나님의 명령에 순종했다. 그뿐만 아니라 하나님께서 뜨거운 동풍이 불게 하셨다. 성경에서 말하는 동쪽은 아라비아 사막이 있는 곳을 말한다. 그렇기 때문에 동풍은 어느 때든지 뜨겁고 건조한 바람이어서 동풍이 불면 가뭄이 들고 모든 초목이 말라죽을 뿐만 아니라 모래까지 날아와서 견디기 힘든 두려운 바람이다. 그런데 하나님께서 벌레를 명해 박넝쿨을 씹어 버리게 명령하신 후에는 동풍을 불러서 바짝 말려 버리게 하셔서 요나가 그늘을 즐길 수 없게 하셨다. 이 모든 사건은 하나님께서는 인간은 말할 것도 없고 자연 만물도 철저하게 지배하시는 존엄하신 통치

자이심을 증거해준다.
 현대인들은 자연과학에 근거한, 기계문명 시대에 살고 있기 때문에 자연과학적인 이론에 의해 세뇌되어 버렸다. 그래서 폭풍이 치면 자연 현상의 일환이라고 생각하고 가뭄이 들어도 비가 오랫동안 오지 않아서 흉년이 되는 것이라고 생각하고 지진이 일어나 많은 사람이 피해를 당해도 화산대에 변화가 생긴 현상이라고 해석해 버리는 등 하나님의 뜻에 의해 자연현상에 변화가 일어나는 것이라고는 생각하지 않는다. 과학자들은 이 모든 자연현상의 변화를 하나님께서 하시는 일이라고 말하면 그런 사람들은 무식한 사람이거나 신비주의자로 비웃어 버리고 어떻게 해서든지 과학적인 현상으로 설명해 보려고 노력한다. 그러나 성서적인 입장에서 볼 때는 폭풍을 주장하시는 것도 하나님이시고 날씨를 주장하시는 것도 하나님이시고 지진을 일으키시는 것도 하나님이시고 풍년이나 흉년을 주시는 것도 하나님이시고 모든 자연 만물을 지배하시는 이는 하나님이시다. 따라서 폭풍으로 많은 피해를 당하거나 지진으로 많은 사람들이 죽고 흉년이 들어 먹을 것이 없어질 때 혹시 우리에게 회개할 것이 있어서 이런 재난을 주시는 것이 아닌가 하고 먼저 자신을 반성해 봐야 할 것이다.
 요나를 바다에 던지자마자 폭풍이 그치고 온 바다가 조용해졌을 때 이방 선원들이 놀라고 두려워했다. "그 사람들이 여호와를 크게 두려워하여 여호와께 제물을 드리고 서원을 하였더라"고 했다. 제물만 바치는 것이 아니라 서원까지 했는데 이것은 만일 죽지 않고 무사히 육지에 도달하게 되면 예루살렘성에서 혹은 어디에서든지 제사를 드리겠다는 서원까지 했던 것이다. 그러나 이방인들이 어떻게 제물을 바칠 수 있었는가? 또 이방인들이 성전이 아닌 배에서 드리는 제물을 하나님께서 받으셨겠는가? 하는 문제가 생긴다.

그러나 요나가 말해 준 대로 여호와 하나님은 천지를 주재하시는 하나님이시고 바다를 지배하시는 하나님이라는 사실을 알고 참으로 정성된 마음으로 제물을 드렸으면 예루살렘에서 드리지 않은 제물이라도 하나님께서 얼마든지 받으셨을 것이다. 또 합법적으로 제사장을 통해 드리지 않은 제물일지라도 선원들이 순수한 마음 또 정성된 마음으로 드리는 제물을 하나님께서는 기쁘게 받으셨을 뿐만 아니라 그들의 서원도 받으셨을 것이다.

이런 사실을 통해 우리 나라에 기독교가 전해지기 전에 우리들의 조상이 여호와 하나님을 알고 있었겠는가 하는 문제를 생각해 볼 수 있다. 단군 신화를 통해서 볼 때 우리 조상들은 한 분 하나님을 알고 있었던 것이 분명하다. 단군이나 우리 조상들이 천제단을 모아 놓고 하나님께 제사를 드린 것으로 되어 있다. 동맹이나 영고 등 여러 가지 이름으로 불리는 사건들이 많이 있었는데 하나님에게 제사를 드렸다고 되어 있다. 물론 유대인들에게 주어졌던 제사 제도에 의해 대제사장이 선출되고 성전에서 드리는 예배처럼 의식을 갖춰 드린 예배는 아니었지만 때로는 우리 조상들이 잘 모르는 상태에서라도 온 세계에 흩어져 살던 유대인들에게서 여호와 하나님에 관한 사실을 구두로 전해 받은 사실에 의해서 참으로 정직하고 순수한 신앙을 가진 사람들이 있어서 창조주 하나님에게 제물을 드렸을 때 선원들이 드린 제물을 기쁜 마음으로 받으셨던 하나님께서 우리 조상들의 제물도 기쁘게 받으셨을 가능성이 얼마든지 있다는 결론을 내릴 수 있다.

여호와께서 이미 큰 물고기를 예비하사 요나를 삼키게 하셨다고 했다. 흔히 주일 학교 교재 같은 것에는 이 큰 물고기를 고래로 그려 놓았다. 그런데 지중해에 사는 고래는 주로 새우를 먹고 사는데 그 이유는 목구멍이 작아서 큰 물고기는 삼킬 수 없기 때문이라고 한다. 그러므로 어떤 학자들은 목구멍이 작은 고래가 요나를 삼킬 수 있었다는 것은 거짓말이라고 비평해 왔다. 요나서에는 큰 고기라고만 했지 고래라고 하지 않았는데 그림을 그리는 사람들이 고래로 그린 것이 잘못이다. 그럴 뿐만 아니라 물고기는 음식을 씹어 먹는 예가 극히 드물다. 무엇이든지 삼키기만 한다. 따라서 큰 고기가 사람 하나 꿀꺽 삼키는 것은 아무것도 아니다. 또 요나가 삼일 삼야를 물고기 뱃속에 있었다고 했는데 삼일 동안 호흡을 하지 않고 살아남는 것이 어떻게 가능한가? 라고 비평하는 사람들이 있다. 역사적인 기록에 의하면 가끔 사람들이 고기 뱃속에 들어갔다가 살아 나온 경우가 여러 번 있다. 물론 위액에 의해 머리털이나 눈썹이 다 녹아버려 꼴뚜기같이 반질거리는 머리에다 피부가 소화액에 의해 상해 덴 것처럼 흉터가 생기는 것은 사실이나 사나흘씩 고기 뱃속에 들어갔다가 살아나온 경우가 많이 있었던 것으로 알려졌다. 따라서 고기 뱃속에서 살아나오는 것이 가능할 뿐만 아니라 요나의 경우는 하나님께서 특별히 요나를 보호하셨기 때문에 얼마든지 가능했다. 하나님께서 하시는 일에 대해 그런 일이 어떻게 가능하냐라고 묻는 것은 어리석은 질문이다. 하나님은 초자연적인 능력의 소유자이신 까닭에 하나님께서 무슨 일을 성취하시기를 원하실 때 초자연적인 능력을 행하셔서 원하시는 일이면 무엇이든지 다 성취하실 수 있는 능력을 가지신 분이시다. 그렇기 때문에 하나님이시고 우리가 그 능력의 하나님을 믿고 그에게 영광을 돌리는 것이다.

요나의 사건은 신화가 아니고 무슨 고기였는지는 모르지만 문자 그대로 큰 고기를 하나님께서 준비하셨다가 요나가 떨어질 때 꿀꺽 삼키게 만드셨고 고기 뱃속에 사흘 동안 두셨다가 사흘 만에 고기가 뱉어 내게 하셔서 다시 호흡을 시작하고 정신이 들게 하셔서 후에 니느웨성으로 보내 말씀을 증거하게 하셨다.

우리도 고기 뱃속에 들어가거나 땅속 깊이 영원토록 지옥에 들어가는 것을 원치 않으면 하나님의 명령에 복종해야 한다. 하나님의 명령을 피해서 도망가는 것은 전혀 불가능하고 하나님께서 우리에게 주시는 명령은 대수롭지 않게 생각하여 불순종하는 경우 요나에게 하셨던 것처럼 폭풍을 일으키고 천변지이를 일으켜서 요나를 목적지에 보내셨던 것같이 하지 않으시고 내버려두실 가능성이 있다. 그러나 내가 하나님의 명령을 어기고 불순종했을 때 하나님께서 잊어버리고 나를 처벌하지 않으시리라고 생각하는 것은 전혀 잘못된 생각이다.

하나님의 맷돌은 천천히 돈다. 그러나 실수 없이 곱게 간다. 시간이 걸리는 것뿐이지 하나님의 명령을 불순종한 사람은 그것이 10년 혹은 100년이 걸릴는지 혹은 3-4대가 걸릴는지 모르지만 반드시 불순종했으면 처벌을 받고 하나님의 명령에 순종했으면 반드시 상급을 받는데 내 대에 상급을 못 받으면 내 자손대 그 어느 때라도 그 것에 대한 상급을 반드시 받을 것이다.

요나가 하나님의 말씀을 불순종했기 때문에 고기 뱃속에서 삼일 삼야를 지내야 했던 사건은 지옥이나 다름이 없었을 것이다. 고기 뱃속에서 한 시간만이라도 있어야 한다면 죽는 것이 차라리 낫지 죽기보다 더 힘든 상태의 고통일 것을 알 수 있는데 요나가 불순종했다가 하나님의 처벌을 받아 고기 뱃속에 들어가서 삼일 삼야를 보냈던 것은 처벌 치고는 너무나 견디기 힘든 형벌이었다. 하나님은 신실하신 하나님이시고 존엄하신 하나님이시어서 우주 만물을 통치하실 뿐만 아니라 인간들의 생각과 행동을 지배하시고 통치하시는 하나님이신 사실을 인해 우리가 감사와 찬송을 돌릴 수밖에 없다.

제 2 장

요나의 기도

본문: 요나 2:1-10

"요나가 물고기 뱃속에서 그 하나님 여호와께 기도하여 가로되 내가 받는 고난을 인하여 여호와께 불러 아뢰었삽더니 주께서 내게 대답하셨고 내가 스올의 뱃속에서 부르짖었삽더니 주께서 나의 음성을 들으셨나이다 주께서 나를 깊음 속 바다 가운데 던지셨으므로 큰물이 나를 둘렀고 주의 파도와 큰 물결이 다 내 위에 넘쳤나이다 내가 말하기를 내가 주의 목전에서 쫓겨났을지라도 다시 주의 성전을 바라보겠다 하였나이다 물이 나를 둘렀으되 영혼까지 하였사오며 깊음이 나를 에웠고 바다 풀이 내 머리를 쌌나이다 내가 산의 뿌리까지 내려갔사오며 땅이 그 빗장으로 나를 오래도록 막았사오나 나의 하나님 여호와여 주께서 내 생명을 구덩이에서 건지셨나이다 내 영혼이 내속에서 피곤할 때에 내가 여호와를 생각하였삽더니 내 기도가 주께 이르렀사오며 주의 성전에 미쳤나이다 무릇 거

60 요나서 강해 / 자기의 성공을 저주한 사나이

짓되고 헛된 것을 숭상하는 자는 자기에게 베푸신 은혜를 버렸사오나 나는 감사하는 목소리로 주께 제사를 드리며 나의 서원을 주께 갚겠나이다 구원은 여호와께로서 말미암나이다. 하니라 여호와께서 그 물고기에게 명하시매 요나를 육지에 토하니라."

1. 기도에 대한 오해

요나서 2장 전체는 요나가 고기 뱃속에서 여호와 하나님께 기도한 내용이다. 그 기도의 결과 하나님께서 물고기에게 명하셔서 요나를 육지에 토해 내게 하신 사실로 2장의 말씀이 끝을 맺었다.

한국 기독교에서 가장 오해되고 있는 문제 중의 하나가 '기도'이다. 이것은 아마도 서양 기독교가 처음 전파될 때 선교사들이 기도를 어떻게 해야 한다는 것은 가르치지 않았기 때문인 것 같다. 그 이유는 한국 토속신앙 가운데 기도·기구·기원 등 여러 가지 형태로 기도와 비슷한 풍습이 많이 있어서 불교인들은 불교인들대로 복채를 얹어 놓고 아들을 점지해 달라 혹은 사업이 잘되게 해달라는 기구를 한다. 또 일반적으로 무당 잡기에 관련된 사람들은 매월 초하루 또는 매월 보름에 푸닥거리를 하면서 복을 비는 기원을 한다든가 서낭당에 시루떡을 해다 놓고 기구를 드린다. 한국 토속신앙 가운데 기도와 비슷한 행위가 너무나 많이 있었기 때문에 교회에 들어와서도 으레 서낭당이나 절간에 가서 빌던 식의 기도를 그대로 가지고 들어와서 기도를 하는 것이 보편화되었기 때문에 외국인들이 와서 이런 사람들을 겉으로 보면 열심히 기도하는 것으로 보이기 때문에 한국 사람들은 천성적으로 기도를 잘하는 사람들이니까 구태여 "어떻게 기도하라"고 가르칠 필요가 전혀 없다고 생각했던 것 같다. 그래서 하나님에게 기도하라고는 했지만 어떻게 기도해야 된다는 것은 철저하게 가르치지 않았던 것 같다.

15세기 이태리의 정치 철학자 마캬베리는 목적이 수단을 정당화한다는 이론을 발표했다. 목적만 선하면 그 목적을 달성하기 위해서는 어떤 방법을 써도(남을 짓밟는 일이라도) 무관하다고 가르쳤다.

그런 것에 반해 인도의 깐디는 무저항주의로 독립운동을 성공적으로 일으켰던 사람인데 깐디는 목적이 선할 뿐만 아니라 방법도 선해야 된다고 했다. 그래서 깐디가 무저항주의로 독립운동을 일으킬 때 영국이 인도 사람들을 식민지로 점령하고 있으므로 인도 사람들은 점령당한 백성으로 수난을 받고 있지만 영국 사람들은 부당한 방법으로 타민족, 타문화권에 있는 사람들을 점령해서 억지로 평화를 유지하기 위해서 애를 쓰고 있는데 이것은 자기들도 노예 상태에 빠져 있는 것이라고 해석했다. 즉 욕심과 권력 그리고 세력의 노예가 되어 있기 때문에 인도 사람만 독립운동을 일으켜서 독립되어야 할 뿐만 아니라 영국 사람들에게도 이 욕심·명예욕·권력욕·명예심으로부터 해방시켜 주어야 된다고 주장했다.

그러기 위해서는 폭력 행사로 독립을 쟁취하지 말고 평화적으로 독립운동을 해서 영국 사람도 자기들이 남의 민족이나 남의 땅을 점령해서 식민지로 소유하고 있는 것은 잘못인 것을 깨달아 알아 스스로 해방시키도록 노력하는 것이 가장 좋은 방법이라고 주장함으로 목적만 선하면 되는 것이 아니라 방법도 선해야 된다고 주장했다. 그런 의미에서 간디가 세계적으로 유명한 지도자로 인정을 받게 된 것이다.

  성경의 주제를 한 마디로 요약하라 하면 "성경은 죄인의 구원"이라고 대답하는 사람이 많이 있다. 그러나 성경 전체는 "하나님께 영광을 돌리는 방법"이라는 정의가 더 정확한 해답이다. 하나님에게 영광을 돌리는 방법을 가르치는데 왜 거의 1,800여 페이지나 되는 방대한 성경이 필요한가? 성경은 하나님에게 영광을 돌리는 방법에 관해서 모든 상황을 구체적으로 교훈하고 있기 때문에 방법론에 관한 교과서이다. 성경은 우리가 하나님을 영화롭게 하기만을 요구하는 책이 아니다. 어떻게 하나님을 영화롭게 할 것이냐 하는 방법까지 제시하고 있고 그렇기 때문에 하나님께서 제시하신 방법대로 하면 하나님께서 기뻐하시고 목적이 아무리 선하더라도 하나님께서 제시하신 방법대로 하지 않으면 하나님께서 기뻐하시는 것이 아니다.

  이러한 방법론상의 차이로 교단이 많아진 것이다. 즉 모든 교단이 다 각기 자기들이 생각할 때 이렇게 하면 하나님을 기쁘시게 할 수 있다고 생각했기 때문에 많은 교단이 생긴 것이다. 똑같은 원리로 기도도 옳게 하면 하나님께 상달되고 옳은 방법으로 하지 않으면 하나님께 상달되지 않는 것이다. 부모 자식간의 관계에서도 가끔 자녀들이 원하는 것이 있으면 공손하게 "이렇게 해 주십시오" 하고 점잖게 요청을 하는 것이 아니라 부모를 살살 졸라서 원하는 것을 받아 내거나 아니면 떼를 쓰고 행패를 부려 부모에게서 재물을 빼앗다시피 하는 아이들이 있다. 똑똑한 부모들은 자녀들이 요청하는 것이 정당하지 않으면 아무리 떼를 쓰고 행패를 부려도 거기에 넘어가지 않는다.

하나님은 전지전능하신 하나님이시다. 그러므로 하나님께서 원하시는 방법으로 정당한 방법으로 하나님께 접근하면 우리의 기도를 100% 다 들어주시지만 하나님께서 원하시지 않는 부당한 방법으로 떼를 쓰고 악을 쓰는 기도를 하면 하나님께서는 내가 1,800 페이지나 되는 자료를 제공해서 어떻게 기도해야 될는지를 선지자들이나 사도들을 통해 다 가르쳐 주었는데도 엉뚱한 짓을 하는구나 하고 오히려 종아리를 치실 수 있다.

요즘 한국 교회에서 드리는 기도를 한번 머리에 떠올려 볼 필요가 있다. 하나님께 드리는 기도인지 아니면 누구에게 악을 쓰는 것인지 혹은 협박을 하는 것인지 도무지 알 수 없는 것이다. 더구나 방언 기도를 하는 것을 보면 말도 안 되는 소리만 질러대는 것이다.

2. 물고기 뱃속

"내가 받는 고난을 인하여 여호와께 불러 아뢰었삽더니 주께서 내게 대답하셨고 내가 스올의 뱃속에서 부르짖었삽더니 주께서 나의 음성을 들으셨나이다"고 요나가 고기 뱃속에 들어가 있었으나 정신을 잃었던 것이 아니라 오히려 맑은 정신을 가지고 하나님에게 불러 아뢰었더니 하나님께서 내 음성을 들으셨다고 했다. 요나가 스올의 뱃속에서 부르짖었다고 한 것은 아마도 요나가 자신이 죽었던 것으로 생각했던 것 같다 특히 "큰물이 나를 둘렀고 주의 파도와 큰 물결이 다 내 위에 넘쳤나이다"라고 한 것을 보면 고기가 요나를 삼킨 후에는 깊은 바다 밑바닥으로 내려갔던 것 같다.

4 "내가 말하기를 내가 주의 목전에서 쫓겨났을지라도 다시 주의 성전을 바라보겠다 하였나이다"

이것은 요나가 바다 밑 고기 뱃속의 더러운 소화액이 눈과 코와 귀로 들어와 숨막혀 주겠으니 살려 달라고 하나님께 악을 쓰고 울며 투정을 했던 것이 아니라 구약 성경의 제사법이나 기도하는 법에 근거해서 올바른 방법으로 하나님 앞에 접근했던 사실을 보여준다.

다니엘이나 그의 세 친구들이 바벨론 포로에 잡혀갔을 때 항상 예루살렘을 향해서 기도했다. 특별히 솔로몬은 성전을 짓고 천 마리의 제물을 잡아서 제사를 드리면서 하나님께 기도한 기도문 가운데 "자기를 사로잡아 간 적국의 땅에서 온 마음과 온 뜻으로 주께 돌아와서 주께서 그 열조에게 주신 땅 곧 주의 빼신 성과 내가 주의 이름을 위하여 건

축한 전 있는 편을 향하여 주께 기도하거든 주는 계신 곳 하늘에서 저희 기도와 간구를 들으시고 저희의 일을 돌아보옵시며 주께 범죄한 백성을 용서하시며…"(열왕기상 8:48-)라고 기도했다.

따라서 유대인들에게 있어서 예수님 오시기 이전 구약성경에서는 어느 때든지 예루살렘 성전을 향해서 기도를 드려야 올바른 기도를 하는 것이었다. 요나는 당시 고기 뱃속에서 동서남북을 구분할 수 없었다. 그러나 적어도 의식이 살아 있어서 그 의식 가운데서 내가 하나님의 버림을 받아 그의 목전에서 쫓겨남을 받아 깊은 바닷물 속 죽음의 그늘 스올에 들어와 있을지라도 "다시 주의 성전을 바라보겠나이다"라고 기도했다. 다시 말해서 하나님께서는 "내가 택한 곳에서 제사를 드리고 예배를 드리라"(신명기 12:, 16:)고 하였으나 지금 내 형편은 주의 목전에서 쫓겨나 이렇게 고기 뱃속에 들어 있어서 예루살렘에 갈 수는 없고 마음만으로도 예루살렘을 향해서 "기도합니다"라고 고백했다.

여기에서 "다시 주의 성전을 바라보겠다"라고 말한 것은 사실상 부활을 확신하고 있었던 것을 말한다. 기도한 결과 내가 다시 살아나는 경우 내가 다시 예루살렘 성전까지는 가지 못하고 외국 땅에 표류를 하는 한이 있을지라도 내가 예루살렘 성전을 향해 기도를 하고 하나님을 섬기겠다는 고백이다.

3. 하나님의 구원을 확신했다 5-6

"물이 나를 둘렀으되 영혼까지 하였사오며 깊음이 나를 에웠고 바다 풀이 내 머리를 쌌나이다 내가 산의 뿌리까지 내려갔사오며 땅이 그 빗장으로 막았사오나 나의 하나님 여호와여 주께서 내 생명을 구덩이에서 건지셨나이다."

욥바 근처에서 요나를 삼킨 고기는 큰 먹이를 잡아먹었음으로 이것을 소화시키기 위해 물이 요동치지 않는 조용하고 깊은 바다 밑창으로 내려갔던 것 같다. 그래서 나중에 요나가 이 때의 상황을 글로 쓸 때 깊음이 에워쌌고 해초같은 것이 자기 머리를 싸고 너울거릴 뿐만 아니라 산의 뿌리까지 내려갔고 땅이 그 빗장으로 나를 오래도록 막았다고 함으로 고기 뱃속에 갇혀 있어서 열고 나갈 문이 없어 죽음을 눈앞에 둔 형편을 말하고 있는 것이다.

이러한 상황에서 요나가 "나의 하나님 여호와여 주께서 내 생명을 구덩이에서 건지셨나이다"라고 기도했는데 역시 요나의 탁월한 신앙을 보여주는 것이다.

요나가 "나의 하나님"이라고 부르는 것을 보면 믿음이 탁월했기 때문에 중생했던 사람이고 그래서 하나님과 개인적인 관계가 형성됐던 사람인 것이 분명하다. 그렇기 때문에 자신 있게 "여호와여 주께서 내 생명을 구덩이에서 건지셨나이다"라고 기도할 수 있었던 것이다.

시편 기자도 "나를 기가 막힐 웅덩이와 수렁에서 끌어올

리시고…."(시편 40:2)라고 부활시킨 사실을 기가 막힐 웅덩이와 수렁에서 구원했다고 표현했는데 요나도 하나님께서 능력으로 요나를 구출하고 부활시키실 사실을 확신하는 신앙을 고백했다.

4. 하나님께 서약했다 7-9

"내 영혼이 내 속에서 피곤할 때에 내가 여호와를 생각하였삽더니 내 기도가 주께 이르렀사오며 주의 성전에 미쳤나이다."라고 말했는데 여기에서도 성전중 지성소에 좌정해 계신 여호와 하나님에게 자신의 기도가 상달됐다고 말함으로 예루살렘 성전에 계신 하나님에 대한 개념을 설명하고 있다. 이것은 요즘 말로 쉽게 설명하면 예수의 이름으로 기도를 드리면 모든 기도에 응답을 해주시겠다고 했음으로 올바른 방법으로 기도를 해야 됨을 의미한다.

무엇이 예수의 이름으로 기도하는 것인가? 원래 성경에서 "이름"이라는 말은 헬라어로 오노마티(ὀνόματι)인데 오노마티는 품성을 나타내는 단어이다. 사도행전에 보면 오순절에 베드로의 설교를 듣고 오천 명, 삼천 명이 회개하고 주님께 돌아왔다고 했는데 그 오천 명을 원어로는 오천 이름, 혹은 삼천 이름이라고 했다. 이것은 우리말에 식구가 일곱 명일 때 일곱 식구가 있다고 하는데 한문자를 직역하면「먹는 입」"食口"이 일곱이 있다고 해석하게 된다. 헬라어에서 오천 이름이나 삼천 이름이라고 하면 이름만 있다는 뜻이 아니라 오천 사람 삼천 사람을 말하는 것이다. 그런 의미에서 "내 이름"으로 기도를 하라는 말은 예수님의 품성에 따라서 기도하라는 뜻이다. 즉 예수님께서 지금 내가 처한 입장에 있었더라면 어떻게 기도하셨을 것인가, 내가 지금 당하고 있는 이런 문제에 대해 예수님께서는 어떻게 기도하셨을까를 생각해서 예수님께서 하셨을 기도의 내용과 적합한 한계 내에서 기도를 하면 그 기도가 하나님에게 상달되고 그렇지 않으면 기도가 상달되지 않는 것이다.

이것이야말로 예수님께서 요한복음 15장 7절에 "너희가 내 안에 거하고 내 말이 너희 안에 거하면 무엇이든지 원하는 대로 구하라 그리하면 이루리라"고 약속하신 말씀의 내용이다.

우리가 그리스도 안에 있고 그리스도의 말씀이 우리 안에 있으면 내 품성은 그리스도의 품성에 동화 돼 버렸고 변화해서 나는 새 사람이 된 것을 의미한다. 내가 그리스도 안에 있을 때 나대로 남아 있을 수가 없고 그리스도에게 동화되어 그리스도의 일부로 변해야 된다. 또 내 말이 너희 안에 있으면… 이라고 했는데 영감된 하나님의 말씀이 우리 마음속에 들어오면 말씀이 나를 변화시켜서 내가 새로운 상태가 되어 그리스도와 같은 생각을 하고 그리스도와 함께 느끼고 그리스도의 목적이 내 목적이 되고 그리스도의 생명이 내 생명이 된 상태를 의미한다. 따라서 이같은 상태에서 기도를 하면 무엇이든지 다 들어주신다고 약속하신 것이다.

요나는 아직 그리스도께서 오시기 전이었기 때문에 성전

을 향해서 기도하라, 혹은 성전의 지성소에 좌정해 계신 하나님을 향해서 기도해야 된다고 함으로 요나가 이 극한 상황을 당했을 때에라도 "내 기도가 주께 이르렀사오며 주의 성전에 미쳤나이다."라고 기도했다.

요나는 "무릇 거짓되고 헛된 것을 숭상하는 자는 자기에게 베푸신 은혜를 버렸사오나"(2:8-9)

라고 지적함으로 세상 사람들이 거짓되고 헛돼서 잘못된 것을 숭상하는 까닭에 즉 옳지 못한 신앙생활을 하기 때문에 하나님께서 베푸신 은혜라도 버리고 제 멋대로 사는 경우가 얼마든지 있는 현실이어서 자기도 탈선된 길로 갈 수 있는 것은 사실이지만 "나는 감사하는 목소리로 주께 제사를 드리며 나의 서원을 주께 갚겠나이다 구원은 여호와께로서 말미암나이다."라고 고백했다. 동시에 나는 하나님께만 제사를 드리며 서원을 갚겠는데 그 이유는 구원은 여호와께로서만…, 즉 하나님만이 죄인들을 구원하실 수 있는 분이기 때문입니다 라고 기도하고 있다.

사람들이 자기도 모르게 서원 기도를 할 때가 있다. 그런데 서원 기도를 하고서는 까마득하게 잊어버리고 그 서원을 지키지 않는 수가 많이 있다. 그런 사람들이 바로 8절에 기록된 대로 거짓되고 헛돼서 잘못된 것을 숭상하는 사람이어서 자기에게 베푸신 은혜도 저버리고 하나님과 약속한 것을 아무것도 아닌 것처럼 생각하는 사람들이다. 따라서 기도는 함부로 하면 안된다. 자기와 하나님 사이에 꼭 할 말을 조심스럽게 잘 정리해서 해야 한다. 하나님 내가 이렇게, 이렇게 하겠습니다 라고 헛 약속을 한다든지 이렇게 저렇게 해 주십시오 하고 하나님을 이용하려고 하거나 하나님을 협박하는 기도는 절대로 해서 안 된다.

요나가 고기 뱃속에서 수난을 받고 고통을 당하면서도 발버둥을 쳤다던지 불평불만이나 원망을 토하지 않았고 하나님에게 이렇게 해주십시오 저렇게 해 주십시오 라고 자기의 요구사항은 한 마디도 말하지 않고 오히려 하나님께서 존엄하신 결정에 의해 나를 다시 스올에서 건져내신 까닭에 내가 감사하는 목소리로 주께 제사를 드리며 나의 서원을 주께 갚겠나이다 라고 하면서 오히려 하나님의 뜻이 내 생활 가운데 성취된 사실에 대해서 감사하고 제사 드리겠다고 했다. 제일 안전한 기도는 하나님에게 감사를 드리는 기도나 하나님을 예배하고 찬양하는 기도이다.

부족한 것이 많은 인간으로서 무엇을 요청하는 기도를 하는 것은 당연하다. 그러나 그 요청이 일종의 협박이 되어서는 안된다. "중공 선교를 가기 위해 기금이 필요한데 천만 원을 주십시오"라고 기도한다면 그것은 협박하는 기도이다. 누가 자기에게 중공 선교사로 가라고 했는가? 자신이 중공 선교를 떠나겠다고 결정해 놓고 또 자기가 자신을 중공 선교사로 임명해 놓고 하나님 돈 내놓으십시오 라고 기도하는 것은 하나님을 협박하는 태도이다. 근본적으로 나와 하나님과의 관계가 옳게 정리되어 내가 참으로 하나님의 뜻을 따라 중공이나 소련의 선교사로 가게 되었는지의 여부를 살펴야 한다. 만일 참으로 하나님께서 가라고 명령하셨으면 돈이 없이 빈손으로라도 가야 한다. 선지자들이나 사도들이 돈 보따리 짊어지고 나가서 말씀을 전하지 않았다.

"무릇 거짓되고 헛된 것을 숭상하는 자는 자기에게 베푸신 은혜를 버렸사오나 나는 감사하는 목소리로 주께 제사를 드리며 나의 서원을 주께 갚겠나이다 구원은 여호와께로서 말미암나이다."

한국에는 유행이 많은데 기독교 신앙생활에도 유행이 많다. 그래서 제자훈련, 매스터 라이프, 선교, 방언기도, 금식기도, 사단계 회개, 성령 개발 등등이 그 좋은 예이다.

5. 하나님께서 요나를 구출하셨다.(2:10-)

2:10 "여호와께서 그 물고기에게 명하시매 요나를 육지에 토하니라"

요나가 구약의 절차를 따라 마음속으로나마 예루살렘 성전을 향해 기도를 드린다는 사실을 두 번 세 번씩 고백한 사실은 하나님의 뜻에 합당한 성서적인 방법으로 기도를 했고 기도 드리는 과정에서 요나가 철저히 회개했음을 보여준다. 요나의 참된 신앙을 보시고 하나님께서 물고기를 명해서 요나를 육지에 토해 내게 하셨다. 이 기도문에 의하면 이 고기는 깊은 물속, 즉 산의 뿌리 밑에 들어가 있었던 것 같다. 큰 물고기가 만일 요나를 그 깊은 물 속에 토해 냈다면 요나가 헤엄쳐 나오기도 전에 다른 고기들에게 찢겨 먹히우고 말았을 것이다. 그런데 하나님께서 고기에게 명령하셔서 고기가 일부러 해변까지 나와 요나를 육지에 토해 내게 하셨음으로 요나가 멀쩡하게 살아서 하나님의 뜻을 준행할 수 있도록 역사하셨다.

요나가 사흘 밤낮을 고기 뱃속에 있었는데 어떻게 멀쩡하게 살아 나올 수 있었는가?라는 의문과 질문은 끊임없이 있었고 또 앞으로도 계속해서 있을 질문이다. 하나님께서 하시는 일에 불가능은 없다. 하나님께서 하시는 신령한 일이나 하나님의 능력을 체험하지 못한 중생치 못한 세상 사람들은 이런 기적이 가능하다 혹은 불가능하다는 말을 할 자격이 없다. 또 요나가 고기에게 삼키움을 당할 때 그 자리에 있지도 않았고 또 고기가 요나를 토해 내는 장면을 보지도 못한 사람들이 요나가 거짓말을 한다고 말할 자격이 없다. 요나는 그의 책에서 "나는 영웅이다" "나는 신앙이 좋은 사람이다"라고 자랑을 하는 것이 아니라 자기가 당한 체험을 사실 그대로 진실되게 보고하는 것뿐이지 허황된 거짓말을 하는 것이 아니다. 요나의 보고가 정확한 사실임을 증거해준 가장 믿을 만한 증인이 있는데 그는 예수 그리스도이시다. 예수께서는 자신이 잡히셔서 십자가에 달려 대속의 죽음을 죽으시고 장사된 지 사흘 만에 부활하실 중대한 사실을 요나의 표적을 들어 예언하셨다.

"…악하고 음란한 세대가 표적을 구하나 선지자 요나의 표적밖에는 보일 표적이 없느니라"(마태복음 12:39)

제 3 장
니느웨의 구출

1. 요나를 다시 부르셨다

하나님께서 한 번 결정하신 사실은 인간이 불순종했다고 해서 좌절되거나 혹은 그의 결정을 번복하지 않으신다. 어떤 방법으로든지 성취하시는데 한 번 불순종했던 선지자라도 다시 쓰셔서 하나님께서 원하시는 사역을 감당하게 하셨다.

우리는 왜 하나님께서 장차 이스라엘을 멸망시킬 적국 국민에게 사랑과 자비를 베풀어 구원하기를 원하셨는지 그 깊은 뜻을 이해하거나 헤아릴 수 없다. 더군다나 하나님의 선지자를 고기 뱃속에 집어넣어 죽게 했다가 다시 꺼내는 혹독한 벌을 가하시면서까지 기어이 하나님의 말씀을 전하게 하신 이유를 알 수 없다. 그러나 이런 문제를 이해하기 위해 출애굽기 19장 4절 이하 6절까지를 살펴볼 필요가 있다. "나의 애굽 사람에게 어떻게 행하였음과 내가 어떻게 독수리 날개로 너희를 업어 내게로 인도하였음을 너희가 보았느니라 세계가 다 내게 속하였나니 너희가 내 말을 잘 듣고 내 언약을 지키면 너희는 열국 중에서 내 소유가 되겠고 너희가 내게 대하여 제사장 나라가 되며 거룩한 백성이 되리라 너는 이 말을 이스라엘 자손들에게 고할지니라." 원래 하나님께서 이스라엘만 특별히 사랑하셔서 이스라엘 백성만 구원하시기 위해 따로 그 민족을 선택하셨던 것이 아니다. 출애굽기 19장의 내용에 의하면 하나님께서 이스라엘을 따로 구별해 내셨던 이유는 이스라엘을 제사장 나라를 만들어서 이스라엘을 통해 세상 모든 사람들이 하나님의 뜻을 배우고 구원함을 받게 하기 위해서였다.

오늘날 하나님께서는 우리를 불러내시어 왕 같은 제사장을 삼으셨다. 그 이유는 우리를 통해서 믿지 않는 모든 세상 사람들이 하나님의 말씀을 듣고 그리스도의 복음에 접해서 구원받을 수 있게 하기 위함이다. 하나님께서는 자기 자녀들이 최선의 상태에 처하기를 원하신다. 하나님의 자녀들로서 최선의 상태는 무엇인가? 이 세상의 즐거움을 누리고 살 수 있으면 그것처럼 더 좋은 상태는 없을 것이다. 그렇다면 왜 자비로우신 하나님께서 우리가 중생해서 하나님의 자녀가 되는 순간 즉시 죽여서 천국에 데려가시지 않고 이 괴로운 세상에 놔두시는가? 그 이유는 간단하다. 우리가 이 땅위에 살면서 왕 같은 제사장이 되어 모든 세상 사람들에게 하나님의 뜻을 전달하는 사명을 감당하는 일을 하라고 당분간 세상에 머물게 하신 것이다. 그런데 하나님께서 보실 때 참으로 중생하기는 했는데 10년을 세상에 놔두어도 변함이 없고 20년을 놔두어도 그냥 그 꼴로 왕 같은 제사장의 직분을 감당하기는커녕 하나님의 영광을 가리우고 복음의 광채를 가리우는 일만 계속한다면 "안 되겠다. 차라리 천국에 와서 편히 살아라" 하고 우리를 천국으로 데려가신다.

이미 지적한 대로 니느웨(앗수리아) 사람들은 이스라엘과 원수의 나라였을 뿐만 아니라 실제로 이 삼백 년 후에 북방 이스라엘을 멸망시킨 백성들이었다. 그렇기 때문에 요나가 니느웨로 가지 않고 도망했는데 만일 요나가 하나님의 첫 번 명령을 받고 니느웨성에 가서 하나님의 말씀을 전하고 왔다면 아마도 민족 반역자라고 이스라엘 백성들에게 심한 핍박을 받았을 가능성도 있다. 그러나 그는 철저한 애국자로 하나님의 명령까지도 불순종하고 도망가다가 고깃배 속에 들어가는 처벌을 받는 것을 보았기 때문에 이스라엘 백성들은 요나가 두 번째 하나님의 명령을 받고 니느웨로 가서 하나님의 말씀을 전파했을 때 감히 요나를 질타하지 못했던 것 같다.

2. 요나의 니느웨 사역(3:1-4)

a) 두 번째 명령의 내용(3:1-2)

3:1-2 "여호와의 말씀이 두 번째 요나에게 임하니라. 이르

시되 일어나 저 큰 성읍 니느웨로 가서 내가 네게 명한 바
를 그들에게 선포하라 하신지라"

요나에게 명하신 하나님의 첫 번째 명령은 "너는 일어나 저 큰 성읍 니느웨로 가서 그것을 쳐서 외치라 그 악독이 내게 상달하였음이니라"고 하심으로 요나에게 어느 정도 자기가 하고 싶은 말을 할 수 있도록 허락하셨던 것 같다. 다시 말해서 "쳐서 외치라"고 비평할 수 있는 권리를 주셨던 것이다. 그런데 두 번째 명령에는 "내가 네게 명하는 바를 그들에게 선포하라"고 말씀하심으로 이번에는 요나가 하고 싶은 말이 아니라 하나님께서 명하신 말씀만을 선포하라고 제약하셨다.

아마도 고기를 명해서 요나를 토해 내게 하셨어도 요나가 적국 국민인 니느웨에 가서 하나님의 말씀을 전할 때 액면 그대로 하나님의 말씀을 전달하지 않고 혹 실수로라도 감정 상하는 말이나 원망하는 말을 털어놔서 니느웨 사람들에게 회개하는 기회를 주기는 고사하고 오히려 반발할 가능성이 있었기 때문에 하나님께서 두 번째 명령하실 때는 "내가 네게 명한 바를 그들에게 선포하라"고 분명히 밝힘으로 요나는 하나님께서 주신 계시의 말씀 외에 다른 말씀을 전할 수 없게 하셨던 것 같다.

구약 성경을 조심스럽게 읽어보면 모든 선지자는 으레 "여호와의 말씀"이라고 불리는 존재가 선지자들을 찾아와서 "입을 열어 가라사대"라고 여호와의 말씀이라고 불리는 존재가 선지자들을 찾아와서 한 말을 받아쓴 것으로 기록됐다. 이사야가 이사야서를 쓸 때 자기의 생각이나 자기의 판

단이나 혹은 자기가 관찰한 바를 쓴 것이 아니다. "여호와께서 말씀하시기를 내가 자식을 양육하였거늘 그들이 나를 거역하였도다… 너희가 내 앞에 보이러 오니 그것을 누가 너희에게 요구하였느뇨 내 마당만 밟을 뿐이니라. 헛된 제물을 다시 가져오지 말라 분향은 나의 가증히 여기는 바요 월삭과 안식일과 대회로 모이는 것도 그러하니 성회와 아울러 악을 행하는 것을 내가 견디지 못하겠노라… 너희가 손을 펼 때에 내가 눈을 가리우고 너희가 많이 기도할지라도 내가 듣지 아니하리니 이는 너희의 손에 피가 가득함이니라…" 등등 이사야는 하나님께서 직접 말씀하시는 것을 그대로 기록만 했던 것이다. 마찬가지로 하나님께서 요나에게 "내가 네게 명한 바를 그들에게 선포하라"고 하셨을 때 요나는 그 말씀만 앵무새처럼 전달할 수밖에 없었던 것이다.

로마 카톨릭교회의 예배 의식이 제사 제도(미사)로 진행되는 것에 반해서 종교개혁 이후 개혁자들을 위시해서 말씀을 전하는 사람들이 강단에 서서 성경 말씀을 한 절 한 절씩 읽어 가면서 그대로 해석해 나가는 작업을 했다. 이렇게 말씀을 강론해서 영적으로 양육함을 받는 것이 개신교의 특성이었고 그렇게 철저하게 성경 공부를 했기 때문에 기독교가 들어가는 사회는 으레 건전한 사회로 변화됐었다. 이러한 전통이 역사의 흐름과 함께 변질되어 이제는 하나님의 말씀을 강론해서 영혼들이 영적으로 양육함을 받아 성장할 수 있게 한다는 개념은 완전히 없어져 버렸다. 오늘날 목회자들은 사실상 자기의 생각 혹은 자기의 지식을 발표하기 위한 수단으로 성경에서 단어 한 개 혹은 문구 한 개를 선택해서 읽고 나서 설교를 하는데 결과적으로 자기의 지식을 자랑하는 연설이 아니면 재미있는 예화나 만담 등으로 사람들을 웃기고 울리는 홍미 본위의 설교로 시간을 메우는 경향이 많아졌다.

교육심리학을 취급하는 학자들의 이론에 의하면 어린아이들의 정신 집중 능력은 3분 내지 5분 정도이고 어른들도 10분 내지 15분이라고 한다. 더군다나 현대인들은 30초 내지 1분 미만의 광고가 번개처럼 지나가면서 장면을 바꾸는 텔레비전의 프로그램 속에 젖어 살았기 때문에 10분은 커녕 5분만 지나도 지루해하고 정신 집중을 하지 못하는 상태가 되었다. 이러한 시대적인 변화로 현대 목회자들이 20세기 텔레비전에 세뇌된 청중들의 정신을 30분 동안 집중시켜 하나님의 말씀을 듣게 한다는 것은 사실상 불가능을 시도하는 것이라고 말할 수 있다. 그렇기 때문에 많은 설교자들이 청중들이 정신 집중을 못하고 어디론지 흩어져 방황하는 것을 막는 방법으로 설교 중간 중간에 예화나 재미있는 만담을 집어넣는다든가 혹은 설교를 하다 말고 찬송을 부르게 하면서 틈틈이 3분 내지 5분간의 짧은 설교를 찬송 부르는 순서에 삽입하는 예배 형식을 취하는 교회들이 많이 늘어나고 있다. 이런 현상은 우리도 알지 못하는 사이에 텔레비전에 세뇌되어 "이 세상의 풍속을 좇고 공중의 권세 잡은 자를 따르는"(에베소서 2:2) 대단히 위험한 상태이다.

너무 홍미 본위의 설교에만 집념하는 것은 오히려 신앙

을 팔아먹는 경솔한 짓이 되기 쉽다. 급변하는 세상 풍습과는 상관없이 가능한 설교만을 정직하게 해야 하며 듣는 사람들도 정신을 집중해서 하나님의 말씀을 듣는 훈련을 해야 할 것이다. 순수한 하나님의 말씀으로 양육함을 받아야만 영혼이 건강해질 수 있는 것이다.

선지자들은 어느 때든지 하나님의 말씀을 들은 그대로 전달하는 작업을 했다. 그들은 흥미 본위로 3분 내지 5분 동안만 말씀을 한 것이 아니라 어떤 때는 그 말씀이 두 시간 세 시간이 걸리는 수도 있었다. 느헤미야서에 보면 70년 동안의 바벨론 포로에서 돌아온 이스라엘 백성들은 순수한 히브리어를 다 잊어버리고 아라메익어를 사용했기 때문에 히브리어로 된 구약 성경을 읽어도 이해할 수 없었다. 그래서 학사 에스라나 느헤미야 같은 사람이 절기마다 모든 백성들을 모아 놓고 히브리어 성경을 읽고 아라메익어로 번역을 해주는 일을 새벽부터 저녁까지 했다고 기록돼 있다.

이런 성경 해석을 절기가 차기까지 일주일 동안을 했는데 이렇게 성경 말씀을 듣는 데서 은혜를 받고 회개하고 하나님께 돌아와 새 국가를 창설하는 일에 참여했던 것이다.

b) 두 번째 명령의 결과(3:3-4)

3:3-4 "요나가 여호와의 말씀대로 일어나서 니느웨로 가니라 니느웨는 극히 큰 성읍이므로 삼일 길이라 요나가 그 성에 들어가며 곧 하룻길을 행하며 외쳐 가로

되 사십 일이 지나면 니느웨가 무너지리라 하였더니"

니느웨는 극히 큰 성읍으로 삼일 길이라고 했다. 일반적으로 장정이 하루 동안 걸을 수 있는 거리는 백리 길인데 니느웨성이 사흘 길이라고 한 것을 보면 300리 길이 되는 것이다. 그런데 이 당시의 니느웨성은 지금의 서울 시내처럼 인구밀도가 조밀하게 들어찼던 도성이 아니고 300리 정도의 성안에 농토가 있어 30-40여만 명의 인구가 흩어져 살고 있었다. 요나는 길을 가다가 사람을 만나면 하나님의 말씀을 전했고 농촌에서 농민들이 열 대여섯 명 일을 하고 있으면 그들에게 말씀을 전했다. 이렇게 하루종일 걸어가면서 몇 사람을 만났는지는 모르지만 만나는 사람들에게 40일이 지나면 니느웨성이 망한다는 메시지를 전했던 것이다. 헬라의 역사가 헤로도토스는 하루에 약 150 스타디아를 걸을 수 있다고 했다. 니느웨성의 주변은 약 480 스타디아로 약 300리였다고 학자들은 이해하고 있다.

c) 니느웨의 회개(3:5-9)

3:5 "니느웨 백성이 하나님을 믿고 금식을 선포하고 무론 대소하고 굵은 베를 입은지라."

요나서에서 발견할 수 있는 특이한 사건은 어떻게 하루만에 하나님의 말씀이 온 니느웨성에 전파될 수 있었는가 하는 것이다. 요즘처럼 전화가 있었던 것도 아니요 자동차로 달려갈 수 있었던 것도 아닌데 하루만에 니느웨 백성이 하나님을 믿고 금식을 선포하고 무른 대소하고 굵은 베를 입었다고 기록이 되어 있다. 요나가 전하는 하나님의 말씀을 들은 니느웨 사람들은 즉각적으로 반응을 보여 자기들이 하고 있던 모든 일들을 던져 버리고 서로서로 하나님의 말씀을 전하는 일에 발벗고 나섰던 것이 분명하다. 또 한 가지 신기한 사실은 하나님의 백성들은 하나님의 명령을 불순종하는데 오히려 악독이 하나님 앞에까지 상달된다고 했던 이방 백성들이 하나님의 말씀을 듣고 즉석에서 회개했는데 그것도 철저하게 회개했던 사실이다. 요나서의 기록에 의하면 니느웨 백성들은 하나님의 말씀을 듣자마자 1) 우선 하나님을 믿었고, 2) 금식을 선포했고, 3) 노인이나 젊은이나 어린아이까지도 마치 초상이 난 것처럼 굵은 베를 입고 회개했다.

"사십 일이 지나면 니느웨가 무너지리라 하였더니" 요나는 하나님의 명령대로 40일만에 망할 것이라는 내용을 전한 것은 분명하다. 그러나 회개할 것을 요구했는지에 대한 자세한 기록은 없다. 또 니느웨성의 왕이 "하나님이 혹시 뜻을 돌이키시고 그 진노를 그치사 우리로 멸망치 않게 하시리라 그렇지 않을 줄을 주가 알겠느냐"라고 혹시… 라고 희망을 걸고 말한 것을 보면 회개하면 하나님께서 구원해 주신다는 확신을 준 것 같지도 않다.

3:6-8 "그 소문이 니느웨 왕에게 들리매 왕이 보좌에서 일어나 조복을 벗고 굵은 베를 입고 재에 앉으니라.

> 왕이 그 대신으로 더불어 조서를 내려 니느웨에 선포하여 가로되 사람이나 짐승이나 소떼나 양떼나 아무 것도 입에 대지 말지니 곧 먹지도 말 것이요 물도 마시지 말 것이며 사람이든지 짐승이든지 다 굵은 베를 입을 것이요 힘써 여호와께 부르짖을 것이며 각기 악한 길과 손으로 행한 강포에서 떠날 것이라."

백성들 중에서 벌어진 사건을 들은 니느웨성의 왕은 그 소식을 듣자마자 왕 자신이 보좌에서 일어나 조복을 벗고 굵은 베를 입고 재에 앉아서 철두철미한 회개를 했다. 그럴 뿐만 아니라 왕은 굵은 베옷이나 재에 앉아 회개하는 일이나 금식하면서 하나님께 부르짖는 것만으로는 부족하고 다 각기 "악한 길과 손으로 행한 강포에서 떠나라"고 철저한 회개를 명령했다.

이 때에 니느웨를 통치하고 있던 왕은 살만에셀 III세로 때로는 아술리라리 라고 불리던 인물이었다.

입으로 회개하는 것은 누구나 다 할 수 있다. 입으로는 내가 죄를 졌습니다. 용서해 주십시오라고 부르짖고 나서 돌아서서 거짓말을 물마시듯 하고 다른 사람을 속이고 다니면서도 예수 믿는 사람이라고 큰소리 치는 사람들이 얼마든지 있는데 그렇게 회개한 후 똑같은 범죄를 하는 것은 참된 회개가 아니다. 참된 회개는 지나간 과거에 행했던 모든 악한 행실, 모든 못된 마음을 다 버리고 완전히 변화되어야 함을 말한다. 원래 회개라는 말은 180° 돌아선다는 뜻이다. 하나님을 피해서 도망하던 사람이 하나님을 향해 180° 돌아서서 하나님에게 돌아온다는 뜻이다. 지나간 과거에 상습적으로 도적질을 하던 사람이었으면 회개한 뒤에는 일체 도적질을 하지 않는 것이 참된 회개이고 지나간 과거에 거짓말을 밥먹듯 하던 사람이라도 회개한 후에는 의식적으로 노력해서 거짓말을 하지 않고 과거의 모든 악한 행실을 완전히 청산하는 것이 참된 회개이다. 이러한 의미에서 니느웨성의 왕은 자기 백성들에게 "각기 악한 길과 손으로 행한 강포에서 떠날 것이라"고 함으로 입으로만 회개하는 것이 참된 회개가 아니라 생활이 변화되어야 하는 것이 철저한 회개임을 알고 있었던 현명한 왕이었던 것 같다.

3:9 "하나님이 혹시 뜻을 돌이키시고 그 진노를 그치사 우리로 멸망치 않게 하시리라 그렇지 않을 줄을 누가 알겠느냐 한지라"

본래 전투를 즐기고 침략을 일삼던 잔인한 백성 니느웨성의 왕이 그의 온 백성들과 함께 회개하고 과거의 죄를 전부 청산하고 나서 하는 말이 하나님께서 진노하셔서 처벌하시기로 결정하셨지만 하나님은 자비로우신 분이시기 때문에 참으로 회개하고 돌아오면 그의 뜻을 돌이켜 진노를 그치시고 심판을 멈추실 가능성이 얼마든지 있다고 확신하고 모든 것을 하나님께 맡긴 신앙을 보이고 있다.

요나서는 하나님의 존엄성을 강조하는 책이라는 사실을 여러 번 지적했다. 그래서 하나님은 바다를 지배하시고 고기에게 명령하셔서 요나를 삼키게도, 뱉어 내게도 하시고 박넝쿨을 나게도 하시고 버러지를 명해서 박넝쿨을 씹어 버리게도 하시고 필요할 때는 동풍을 불러내기도 하시는 모든 자연 만물을 지배하시는 존엄하신 하나님이시다. 동시에 요나서가 강조하는 것은 하나님의 자비심이다. 아무리 강포한 백성들이라도 회개하고 돌아오기만 하면 멸망시키기로 작정했다가도 뜻을 돌이켜서 구원하시는 하나님이시다.

3. 하나님의 반응(3:10)

3:10 "하나님이 그들의 행한 것 곧 그 악한 길에서 돌이켜 떠난 것을 감찰하시고 뜻을 돌이키사 그들에게 내리리라 말씀하신 재앙을 내리지 아니하시니라"

하나님의 섭리에는 절대적인 섭리와 허용적인 섭리가 있다. 절대적인 섭리는 하나님께서 절대로 변경시키지 않으시는 섭리이다. 예를 들어 인간이 아무리 신앙생활을 돈독하게 잘해도 사람으로 남아 있게 하신다. 신앙이 좋은 사람이라고 갑자기 어깨에 날개가 돋아서 공중을 날아다닐 수 있는 새가 되게 하거나 몸뚱이에 지느러미가 나고 입 속에 아가미가 생기게 해서 물 속에서 헤엄치면서 살도록 하시지 않으시는데 이것이 절대적인 섭리 중의 한 쉬운 예이다. 그러나 허용적인 섭리의 한계는 어느 정도 융통성이 있는 것이어서 우리에게 자유 선택의 여지를 주신다. 신앙생활을 잘하면 기쁘고 즐거운 마음으로 살 수 있고 예수를 믿노라고 하면서도 신앙생활을 잘 못하면 역시 별로 기쁜 생활을 하지 못하는 상태에 빠지는 수밖에 없는데 이것은 사람에게 준 허용적인 섭리의 영역권 안에서 이루어지는 일이다.

하나님은 인간들에게 자유의지를 주셨다. 이같은 자유의지를 사용할 수 있는 한계가 있다. 즉 인간이 인간으로 남아 있는 한도 내에서 하나님은 인간들에게 자유를 사용할 수 있게 하신 것이다.

기독교는 본질적으로 허용적인 섭리의 한계 내에서 유용한 것이다. 기도를 통해서도 하나님의 절대적인 섭리는 변경시킬 수 없지만 허용적인 섭리 내에서는 변화를 가져올 수 있다. 이같은 허용적인 섭리 안에서 하나님의 말씀을 듣고 니느웨 성 사람들 전부가 회개하고 하나님 앞에 돌아왔을 때 하나님께서 멸망시키기로 결심하셨던 것을 거두시고 다시 편안하게 살도록 허용하셨다.

하나님께서 금식하는 것을 감찰했다고 하지 않았다. 하나님에게 소리치고 기도하는 것을 들으셨다고 하지 않았다. 베옷을 입고 재를 뒤집어 쓴 것을 보시고 감동했다고 하지 않았다. "그 악한 길에서 돌이켜 떠난 것을 감찰하시고"라고 했다. 하나님께서는 감언이설의 기도에 속지 않는 분이다. 거룩한 것처럼 보이는 의식을 보지 않으신다.

악한 길에서 돌이켜 떠난 것을 행동으로 보일 때 하나님께서 우리의 진심을 감찰하시고 우리의 기도를 들으신다.

한국은 아직도 남북이 반으로 쪼개어진 채 민족 상잔의 비극적인 역사를 계속하고 있다. 이것은 하나님께서 한국 민족에게 내리신 진노의 채찍이다. 언제 남북통일이 이루어질 것인가? 모든 남한 백성들이 합심해서 구국 통일 기도회를 성대히 하면 이루어질 것인가? 모든 기독교인들이

40일 금식 기도를 하면 이루어질 것인가? 새벽기도가 부족했던가? 한국 사회의 부정 부패는 자타가 공인하는 사실인데 그 중에서도 기독교인들은 말로는 하나님의 말씀을 준행하노라고 하면서 오히려 부정부패에 앞장 서고 있다. 그러면서도 입만 열면 하나님 우리 나라를 통일시켜 주십시오라는 기도를 뻔뻔스럽게 시작한다.

  니느웨성 사람들이 "악한 길에서 돌이켜 떠난 것"을 보시고 하나님께서 심판하시기로 작정하셨던 것을 중지하시고 니느웨성을 구출하셨다. 우리 민족이 다 악한 길에서 떠나는 그날 남북 통일이 이루어질 것이다. 우리 나라 사람들의 거짓말하는 습성이 다 없어지고 부정 부패가 다 없어져서 누구나 서로를 믿고 살 수 있는 신임 사회가 건설되어 성서적인 윤리관이 한국 사회에 실현되는 그 날, 하나님께서 즉시 진노의 채찍을 거두실 것이고 그러면 언제인지도 모르게 벌써 삼팔선의 문이 열려 있어 만주 시베리아 몽고까지 뻗어 나가면서 발전하고 있는 대한민국을 발견하게 될 것이다.

제 4 장

요나의 교육

1. 요나의 불평(4:1-3)

　요나서 4장은 요나가 니느웨에 가서 하나님의 말씀을 증거한 결과 니느웨 사람들이 회개하고 하나님께로 돌아옴으로 하나님께서 진노하셨던 것을 멈추시고 멸망시키지 않은 사실에 대해 요나가 심통이 나서 투덜거리는 모습으로 시작된다. 3일 길인 큰 성 니느웨에서 요나는 하루를 돌아다니면서 하나님의 말씀을 전파했는데 하루만에 왕으로부터 시작해서 온 니느웨 백성들이 베옷을 입고 재를 무릎쓰고 회개하고 하나님께로 돌아왔다.
　역사 이래 아무리 훌륭한 부흥사라도 하루만에 도시 전체를 회개시켜 하나님 앞에 돌아오게 한 부흥사는 없다. 앞으로도 그런 사역자는 나타나지 않을 것이다. 그런데 요나는 하룻길을 걸어가면서 하나님의 말씀을 전파했는데 하루만에 30-40만 명이 넘는 니느웨성 사람 전부를 회개시키는 대성공적인 사역을 했다. 그럼에도 요나는 자기 성공에 화가 머리끝까지 나서 하나님께 투덜거리는 모습을 볼 수 있다.

신앙생활의 가장 큰 적은 심리상태에서 오는 자해 및 자멸 행위이다.

요즈음은 심리분석학이 많이 발전해서 사람들의 한 마디 한 마디 말을 다 심리 분석을 하고 모든 행동도 심리학적으로 분석하는 경향이 생겼다. 그런 분석중의 하나가 인간들은 자기 파멸, 혹은 자살 행위를 하는 심리적인 경향이 있다는 이론이다. 어떤 사람들은 심리적으로 자기의 성공을 자기가 파괴(Sabotage)해서 성공하지 못하게 만드는 경우가 있다는 개념이 새로운 이론으로 발표되고 있다. 가끔 어떤 사람들의 생활을 보면 공부를 하던가 사업을 할 때 실패할 이유가 전혀 없는데도 스스로 공부를 하다가 중단하던가 스스로 사업에도 실패를 하는 사람들이 있다. 어려서부터 자라는 과정에서 부모나 형제 혹은 주변 사람들이 항상 "너는 바보다", "너는 아무것도 못한다", 혹은 "못났다", "나쁜 놈"이라는 말로 구박을 했으면 겉은 멀쩡하게 잘 성장하면서도 이런 부정적인 말에 세뇌되어 잠재의식으로 남아 있어 매우 소극적이고 부정적인 성격을 갖게 되는 것이다. 이런 사람들은 자기는 나쁜 사람, 시원치 않은 사람이기 때문에 성공하면 안 되고 무엇이든지 실패를 해야 한다는 생각이 두뇌 속에 자리를 잡게 되어 있어서 무슨 일이든지 잘해 나가다가도 마지막 단계에 실수를 하거나 포기해 버린다고 한다. 이런 것이 바로 성공이 두려워서 자신을 파괴하는 자멸 행위이다.

　궁극적으로 인간의 본성을 분석해 볼 때 모든 인류는 타락한 아담의 성품을 가지고 태어났다. 아담의 성품을 가지고 태어났기 때문에 역시 죄인인 사실을 부인할 수 없다. 그래서 죄의식이 있어서 항상 자신의 행동을 자신이 부정하고 파괴하려는 경향이 얼마든지 있다. 이런 사람들은 구원함을 받고 나서도 영적인 차원에서 성장해서 좋은 신앙인이 되지 못하고 항상 제자리걸음을 하는데 이런 것이 자신의 신앙을 자신이 파괴하는 행위이다. 쉬운 예로 "나는 평신도일 뿐이고 또 나를 시켜 주지도 않는데 공연히 나서서 열심히 봉사할 필요가 있겠는가? 공연히 잘난 척한다고 흉이나 잡힐 텐데… 라고 봉사하고 싶은 마음이 솟아나는 것도 억제해 버리면서 뒤에 앉아 다른 사람에 대한 비평을 일삼고 교회에서 말썽을 일으키는 사람들이 있다. 이것은 본질적으로 자기 자신의 이미지가 나쁘기 때문에 자신에게 부정적인 생각을 하면서 자학을 하는 것이다. 중생해서 하나님의 자녀가 됐고 하나님의 자녀가 됐다는 확신을 가지고 자신만만하게 자기의 일생을 엮어 나가면 문자 그대로 자기의 능력의 한계 내에서 최선의 신앙생활을 성취하는 것이 가능하다.

　요나는 니느웨 사람들이 모든 죄를 회개하고 또 모든 악에서 돌아서는 것을 보고서도 설마 하나님께서 말씀하신 대로 니느웨 사람들을 멸망시키지 않으시랴… 니느웨 사람들이 회개하는 척했겠지 정말 회개하지 않았을 수도 있지

않은가 더구나 이방인들인 주제에 무슨 재주로 하나님의 마음을 움직일 수

있으랴 하고 사실을 사실 그대로 받아들이지 못했는데 이것은 요나 자신에게 심리적인 문제가 있었기 때문이었다.

> 4:1-2 "요나가 심히 싫어하고 노하여 여호와께 기도하여 가로되 여호와여 내가 고국에 있을 때에 이러하겠다고 말씀하지 아니하였나이까 그러므로 내가 빨리 다시스로 도망하였사오니 주께서는 은혜로우시며 자비로우시며 노하기를 더디 하시며 인애가 크시사 뜻을 돌이켜 재앙을 내리지 아니하심인 줄 내가 알았음이니이다."

요나의 불평의 내용은 하나님의 사랑이다.
1) 하나님은 은혜로우시다.
2) 하나님은 자비로우시다.
3) 하나님은 노하기를 더디하신다.
4) 하나님은 인애가 크시다.

1) 하나님이 은혜로우시다는 말의 내용은 하나님께서는 값없이 복을 주신다는 뜻이다. 햇빛이나 비를 내려 주실 때 하나님께서 사랑하는 사람들이나 하나님을 믿는 사람들에게만 내려 주시는 것이 아니라 예수를 믿지 않는 사람 혹은 천하에 못된 살인 강도나 누구에게라도 구별함이 없이 골고루 공급해 주신다.

2) 하나님은 자비로우시다는 것은 죄진 자를 그 때 그 때 처벌하시지 않고 오랫동안 참고 용서해 주신다는 뜻이다.

3) 하나님은 노하기를 더디하신다고 했는데 하나님께서는 죄를 짓고 불순종하는 백성들이라도 그때그때 당장에 심판하시지 않으신다는 뜻이다. 자유 진영의 많은 사람들은 공산 정권이 하루 빨리 무너지게 해 달라고 오랫동안 기도해 왔다. 그러나 하나님께서는 우리의 기도를 들으시고 즉시 공산 정권을 완전히 때려 부서 무너뜨리지 않으시고 자연 와해되도록 70여년 동안 기다리셨다. 그런 것이 하나님의 자비인데 공산 정권이 개인의 자유를 속박하고 많은 횡포를 한 것은 사실이지만 한편 공산 정권이 형성됨으로 가난하고 짓밟혔던 사람들이 자기들의 권익을 확보할 수 있는 기회도 주셨고 공산 정권이 형성됐기 때문에 그 그늘 속에서나마 전혀 근심 걱정하지 않고 공정한 대우를 받으면서 편히 사는 사람들의 숫자도 상당히 많이 있었던 것을 부인할 수 없다. 그렇기 때문에 하나님께서 잘못된 것을 그때그때 성급하게 처벌하시는 것이 아니라 참고 기다리셨던 것이다.

하나님께서는 백년 혹은 이백 년 삼백 년을 방치하셔서 자연스럽게 해결되도록 놔두시는 일이 얼마든지 있다. 자녀를 기르는 부모들이 어린아이가 실수하고 잘못할 때마다 때리고 벌을 주면 그 아이는 제대로 성장할 기회도 얻지 못하여 열 살도 못 살고 죽고 말 것이다. 자녀를 기르는 부모들은 아이들이 큰 잘못을 저질렀을 때 가르치기 위해 말로

타이르고 더러는 매로 때릴 수도 있으나 대개 사소한 실수나 잘못은 못 본 척하고 넘겨 버리는 것이다. 마찬가지로 하나님께서도 우리를 대하실 때 노하시기를 더디 하시는 것이다. 다시 말해서 우리가 잘못할 때마다 일일이 채찍으로 때리시지 않으신다. 하나님께서는 우리가 거짓말하는 것을 모르시는 분이 아니다. 우리가 게으르고 우리가 남에게 피해를 입히는 나쁜 짓을 저지르는 것을 모르시는 것이 아니라 다 보고 계시지만 자비로우시고 노하기를 더디 하시는 하나님이기기 때문에 우리가 우리의 문제를 스스로 해결하기를 참고 기다리신다. 그러나 도가 지나쳐서 두 번 다섯 번 또는 열 번 계속해서 똑같은 범죄를 하면 이제는 더 이상 그냥 놔두면 안 되겠다고 판단하셔서 징계하시고 처벌하신다.

4) 인애가 크시다는 것은 어질고 사랑이 많으셔서 사람들이 죄를 졌더라도 회개만 하면 용서하시고 처벌하시지 않으심을 뜻한다. 요나가 대성공을 한 끝에 오히려 자기 성공에 심통이 나서 성 밖에 나가서 초막을 짓고 그 밑에 쭈그리고 앉아 니느웨성이 망하는 것을 보려고 기다리고 있는 것을 보신 하나님께서 "이 못난 놈아 어째서 이렇게 궁상스럽게 여기 와서 앉아 있느냐?" 하고 심통을 부리는 요나를 즉석에서 야단치시고 처벌하시는 방법으로 큰 폭풍을 일게 해서 엉성하게 쳐놓은 초막을 다 날려 버리고 모래 바람이 불어 눈을 뜰 수 없게 만들어 견딜 수 없어서 일어나서 가 버리게 하실 수도 있으셨을 텐데 그냥 놔두시고 그

투정부리는 꼴을 다 보셨다. 그럴 뿐만 아니라 초막 곁에 박넝쿨까지 나게 해서 햇빛이 비칠 때 박넝쿨 그늘로 서늘하게 만들어 주어 요나가 견딜 만하게 아껴 주시는 자상한 하나님의 모습을 발견하게 된다.

> 4:3-5 "여호와여 원컨대 이제 내 생명을 취하소서 사는 것보다 죽는 것이 내게 나음이니이다. 여호와께서 이르시되 너의 성냄이 어찌 합당하냐 하시니라 요나가 성에서 나가서 그 성 동편에 앉되 거기서 자기를 위하여 초막을 짓고 그 그늘 아래 앉아서 성읍이 어떻게 되는 것을 보려 하니라"

니느웨성이 망하지 않고 구원받는 것이 요나 자신의 생사와는 아무런 상관이 없는 일이다. 그러나 요나는 자신의 사역으로 수십만 명이 회개하고 돌아옴으로 구원받은 대성공에 대해서 기분이 좋고 자랑스럽게 생각한 것이 아니라 오히려 화가 나서 "여호와여 내 생명을 취하소서 사는 것보다 죽는 것이 내게 나음이니이다"라고 하나님에게 투정을 하고 있다.

"그래? 그럼 죽어 봐라" 하고 하나님께서 요나의 몸에 못된 병을 주되 통증이 심해서 견딜 수 없는 무서운 병을 주었더라면 어떻게 할 뻔했는가? 죽여달라고 앙탈을 하는 요나에게 하나님께서 "너의 성냄이 어찌 합당하냐" 성내면 네 심정만 상하고 네 건강에도 좋지 않으니라고 오히려 요나를 살살 달래시는 모습을 발견한다.

한국 기독교는 하나님께 기도만 하면 무조건 모든 것을 다 이루어 주신다는 기복 신앙을 가르쳐 왔기 때문에 만일 소원하는 것을 열심히 기도한 후에 그 기도의 응답을 받지 못하면 하나님을 원망하고 신앙을 저버리는 경우가 많이 있다. 이것은 하나님의 속성을 잘 모르기 때문에 생기는 현상이다. 어떤 때 하나님께서 결정하신 사실은 사람들이 아무리 열심히 기도해도 기도의 응답이 부정적으로 나타날 수 있다. 내가 하나님께 명령만 하면 무엇이든지 내가 원하는 대로 하나님의 섭리를 변화시킬 수 있는 것으로 착각하면 안된다.

요나가 바로 그런 사고방식을 가지고 하나님께서 하루, 혹은 이틀 아니면 일주일 정도는 니느웨성을 멸망하시는 일을 연기하실지 모르지만 약속했던 심판은 틀림없이 내리실 테니까 내가 그 망하는 것을 꼭 보아야겠다고 생각하고 성에서 나가 그 성 동편에 아예 초막까지 지어 놓고 그 밑에 앉아서 니느웨성이 망하는 것을 보려고 기다리고 있었다.

2. 하나님의 자비(4:6-8)

> **4:6** "하나님 여호와께서 박넝쿨을 준비하사 요나 위에 가리우게 하셨으니 이는 그 머리를 위하여 그늘이 지게 하며 그 괴로움을 면케 하려 하심이었더라 요나가 박넝쿨을 인하여 심히 기뻐하였더니"

하나님께서는 심통이 나서 투덜거리고 앉아 있는 요나를

야단치신 것이 아니라 오히려 박넝쿨이 나게 하시고 그것도 하루만에 빨리 자라 그늘을 지어 요나가 시원해서 견딜만하게 해 주심으로 요나가 심히 기뻐했다고 했다.

열왕기상 19장에 보면 엘리야가 바알의 선지자 사백 오십인과 아세라의 선지자 사백인을 다 죽이고 나서 아합왕과 이세벨을 피해 도망가다가 한 로뎀 나무 아래 누워 기진맥진해서 잠이 들었을 때 하나님께서 천사를 보내셨다. 천사는 엘리야의 피곤한 육체를 어루만져 주면서 깨워서 숯불에 구운 떡과 한 병 물을 마시고 기운을 차리게 해 주었다. 이것을 먹고 나서 또 잠이 들었는데 여호와의 사자가 또 다시 와서 어루만져 주면서 먹을 것을 주어 기운을 차리게 했다는 기록이 있다. 그뿐만 아니라 천사가 어루만져 주었다는 것은 오랜 여행 끝에 피곤해진 몸을 요즘 말로 맛사지를 해서 풀어준 것이라고 해석할 수 있다.

하나님께서 시시 때때로 끊임없이 우리를 돌보시고 먹고 마실 것을 주시며 우리가 피곤하고 낙망되어 쓰러졌을 때 우리를 어루만져 주심으로 새롭게 기운을 차리게 해주시는 사실을 깨달아야 한다. 물론 하나님은 영이신 고로 우리의 눈으로 보지는 못하지만 우리는 신앙의 눈으로, 신앙의 체험으로 하나님께서 세심하게 우리를 돌보시는 사실을 감지할 수 있다. 하나님께서 우리를 돌보시고 어루만져 주시는 섬세한 손길을 의식하지 못하는 것은 내게 신앙이 없기 때문이다. 햇빛이 내 등을 따뜻하게 비칠 때 그냥 햇빛이 비친다고만 생각하면 감각이 무딘 사람이다. 하나님께서 자비로우신 손길로 내 등을 어루만져 주고 계시다는 사실을 깨달아야 한다. 모든 것을 부정적으로만 생각할 것이 아니라 옛날 요나의 머리 위에 박넝쿨이 자라게 해서 그늘을 만들어 주시던 자상한 하나님께서 오늘 내 머리 위에 그늘을 만들어 주시고 내 등을 따뜻하게 어루만져 주시는 그의 자비와 사랑을 피부로 느끼고 체험할 수 있어야 한다.

이른 아침에 산책을 하면서 심호흡을 하면 신선한 공기가 폐로 들어오는 것을 느끼면서 깨끗한 공기를 마음껏 들이마실 수 있는 것을 감사하게 된다. 성경에서는 성령을 푸뉴마(πυενμα)라고 했는데 푸뉴마는 바람, 혹은 공기와 같은 단어이다. 심호흡을 할 때 서늘한 공기가 폐 속으로 들어오는 것을 느끼면서 기분 좋은 것 정도는 하나님의 공기(πυενμα) 즉 성령이 내게 들어와서 능력을 주실 때 느끼는 그 희열과는 비교도 안 된다.

> 4:7-8 "하나님이 벌레를 준비하사 이튿날 새벽에 그 박넝쿨을 씹게 하시매 곧 시드니라. 해가 뜰 때에 하나님이 뜨거운 동풍을 준비하셨고 해는 요나의 머리에 쬐매 요나가 혼곤하여 스스로 죽기를 구하여 가로되 사는 것보다 죽는 것이 내게 나으니이다"

요나가 그렇게 기뻐했던 넝쿨을 하나님께서 벌레를 시켜서 씹어버리게 하셨다. 그나마 벌레가 씹은 대로 놔두기만 하셨어도 천천히 시들어 오후 햇볕까지는 견딜 수 있었을 텐데 해가 뜰 때에 하나님께서 뜨거운 동풍을 준비해서 불게 해서 박넝쿨을 삽시간에 마르게 해버리셨다. 그러나 뜨거운 햇빛이 요나의 머리에 쬐여 요나가 혼곤하여 견딜 수가 없었다. 요나는 하나님께 차라리 죽여 달라고 불평하기 시작했다.

4. 하나님의 교훈(4:9-11)

> 4:9-11 "하나님이 요나에게 이르시되 네가 이 박 넝쿨로 인하여 성냄이 어찌 합당하냐 그가 대답하되 내가 성내어 죽기까지 할지라도 합당하니이다. 여호와께서 가라사대 네가 수고도 아니하였고 배양도 아니하였고 하룻밤에 났다가 하룻밤에 망한 이 박 넝쿨을 네가 아꼈거든 하물며 이 큰 성읍 니느웨에는 좌우를 분별치 못하는 자가 십 이만 여명이요 육축도 많이 있나니 내가 아끼는 것이 어찌 합당치 아니하냐"

하나님께서는 "네가 심지도 않았고 물을 주어 기르지도 않았던 박넝쿨 하나가 말라 죽는 것이 그렇게 아까워서 화를 내는데 좌우를 분간하지 못하는 어린아이가 12만명1)이나 되는 니느웨성 사람들이 다 죽기를 바라느냐?" "박넝쿨 하나를 이 많은 사람들의 생명과 비교할 수 있겠느냐?" "내가 이 많은 사람의 생명을 아끼는 것이 어찌 합당치 아니하냐"고 한 생명이 얼마나 중요하고 또 하나님께서 그 한 생명을 얼마나 사랑하시고 계신지를 요나가 잘 알아듣게 차근차근 마치 어린아이를 가르치는 것처럼 교훈하시었다.

문화사를 연구하는 사람들이 말하는 대로 이 당시 니느웨 사람들은 역사상 이 세상에 나타났던 민족 가운데 가장

---

1) 좌우를 분간하지 못하는 어린아이들이라고 했으니까 열 살 미만의 어린아이들 이었을 것이고 이런 어린아이들이 12만 명이었으면 젊은이들과 노인까지 합하면 적어도 30-40만 명이 넘는 사람들이 니느웨성에 살았을 것이다.

악독한 민족이었다는 사실을 생각해 볼 때 요나가 그렇게 미워서 멸망할 것을 기다렸던 것은 인간적으로 생각하면 당연한 일이었다. 그러나 그것은 어디까지나 인간적인 생각이고 니느웨성 사람들처럼 악독한 민족이라도 이들이 회개하고 돌아올 때 자비를 베풀어 용서하시고 받아 주셨던 하나님께서는 오늘도 이 세상 모든 사람들을 사랑하시고 계신 사실을 깨달아야 한다. 잘났든지 못났든지 똑똑하든지 미련하든지 부자이든지 가난한 사람이든지 전혀 상관하시지 않고 전부 다 사랑하신다.

근대 과학 문명 속에 살고 있는 우리들은 나지 말아야 할 곳에 박넝쿨이 나면 하나님께서 역사하신 기적이라는 사실을 믿지 못하고 이것이 어떻게 가능한가라고 과학적인 규명을 하려고 한다. 더군다나 박넝쿨이 어떻게 하루만에 그늘이 질 정도로 크게 빨리 성장할 수 있는가 하고 토질을 연구해 보려고 할 것이다. 버러지가 나와서 박넝쿨을 씹어 먹으면 급히 농약을 가져다가 뿌려 버릴 것이다. 동풍이 불면 이것은 기상학적으로 폭풍이 부는 시기가 됐다고 설명할 것이다. 이런 모든 과학적인 설명은 하나님과는 전혀 상관이 없이 우리 자신이 모든 천하의 비밀을 다 알고 있다는 태도일 뿐이다. 우리가 둔해서 하나님께서 우리 귀에 속삭이시는 음성을 듣지 못하고 우리의 눈이 어두워져서 한 송이의 꽃을 보거나 한 그루의 나무를 보고 또 숲 속에 뛰어다니는 짐승들을 보면서 그것들의 아름다움을 보지 못하고 사시절의 자연 만물의 변화는 물론 폭풍이 불고 천둥 벼락이 칠 때 그 배후에서 역사하시는 하나님의 능력과 하나님의 손길을 발견하지 못함으로 하나님의 사랑이나 보호하심을 느끼지도 못한 채 하루하루를 정신없이 살아가고 있다. 그것은 현대인의 생활이 너무 바쁘기 때문이다. 하루의 직장 생활을 마치고 나면 자가용이 있으니 가야 할 곳도 많이 생겼다. 조금이라도 틈이 생기면 텔레비전 앞에 앉아서 시간을 보내야 하기 때문에 조용히 앉아서 마음을 가라앉히고 하나님의 말씀을 묵상할 시간적인 여유가 없다. 하나님의 말씀을 묵상하지 못하니까 하나님의 말씀을 내 생활에 적응해 보려고 노력하지도 않는다. 우리 영의 눈은 점점 어두워져서 하나님의 하시는 놀라운 역사를 보지 못하고 하나님의 섭리의 손길을 느끼지 못하고 산다. 우리가 신앙생활을 하면서 혹 범죄하고 회개하지 않으면 하나님께서는 여러 가지 모양으로 우리를 교훈하시기 위해 접근하고 계신데도 그의 손길을 느끼지 못하는 것이다.

하나님께서는 오늘도 내 안에, 내 가정에, 내 직장에 그리고 우리 교회 안에 찾아 오셔서 우리에게 부드러운 음성으로 속삭이시고 시시 때때로 자극하시어 우리로 하여금 하나님의 참 뜻이 어디 있는지를 발견하고 성실하고 진실되게 하나님의 섭리를 따라 살 것을 요구하고 계시다. 그럴 뿐만 아니라 하나님께서는 내 이웃도 사랑하시고 계시며 그들이 언제인가는 하나님의 자녀로 거듭나게 되기를 기다리시고 계신다는 사실을 전파하라고 우리들에게 명령하셨다.

제 2 부

요나서 강해설교

1. 탈선한 선지자

본문: 요나서 1:1-6

서 론

　민족적인 편견과 종교적인 편견으로 하나님의 명령을 어기고 하나님의 낯을 피해 다시스로 도망하고 있던 요나는 자기 한 사람 때문에 벌어지는 여러 가지 사건들에 대해 미처 생각하지 못하고 있었다. 본래 사람의 생태는 극히 이기적인 것이 사실이다. 요나도 이러한 사람의 생태를 벗어나지 못했기 때문에 자기 자신의 문제에만 몰두해서 자기 주변에 어떠한 일이 벌어지고 있는가에 대해서는 무관심했던 것은 당연한 일이었다.
　오늘날 민주주의라는 기치 아래 모든 인류는 개인의 자유, 개인의 인권 존중, 개인의 재산권 인정 등 저마다 개인주의를 부르짖고 있다. 그럴 뿐만 아니라 여기에 합세해서 기독교에서 하나님은 한 사람 한 사람을 중요시하시고 개

개인을 구원하신다는 이론에 근거해서 구원은 개인적으로만 얻을 수 있다고 역설하면서 개인적인 구원의 확신을 강조하므로 자연히 이기적인 기독교인들을 만들어 내는 현실이 되었다.

이렇게 개인주의가 팽배해지면서 실제로 하나님께서 어떤 때는 한 사람의 범죄로 전 민족을 처벌하시고(아간의 경우) 어떤 때는 한 사람의 신앙을 보시고 그의 진노를 푸시고 전 민족을 재앙에서 구하시기도 하시는(비느하스의 예) 사실을 망각하기까지 이르렀다.

그러나 하나님은 연대책임을 물으시는 하나님이시다. 한 사람 아담의 범죄로 온 인류가 타락했고 한 사람 그리스도의 십자가의 희생이 온 인류를 죄 가운데서 구원하신 사실을 우리는 너무나 잘 알고 있다.

개인주의가 좋기는 하지만 만일 내가 이 지구상에 홀로 놓여져 있다면 이것처럼 무섭고 떨리는 일이 없을 것이다. 가족이 있고 이웃이 있고 내 민족이 있어 내가 이들과 함께 살아가기 때문에 보호를 받고 안정감을 느끼고 외롭지 않게 살아갈 수 있는 것이다. 그러면 이러한 사회 속에 살고 있는 기독교인들은 어떠한 생활을 해야 할 것인가 하는 문제를 생각해 볼 필요가 있다.

I. 자연계의 상황

한 사람 요나로 인해 바다가 대풍랑을 일으켰다. 요나 한 사람의 범죄로 자연까지도 들썩들썩하게 된 것이다. 그래서 폭풍이 일어나 요나가 탄 배가 거의 파선 지경에 이른 것이다. 이런 상황에서는 반드시 요나가 탔던 배만이 아니라 그 일대에 있던 다른 배들도 함께 이 폭풍 속에 휘말려 들어 뒤집힐 지경이 되어 많은 사람들을 생사의 기로에서 극심한 공포로 떨게 만들었을 것은 가히 상상하고도 남는 일이다.

A. 하나님의 진노

한 사람 요나의 잘못이 하나님의 진노를 사기에 충분했다.

옛날 우리 나라는 한 사람 역적을 처벌하는 방법으로 그 직계 가족은 물론 그에게 속한 할아버지 대로부터 아버지 대의 형제들 그리고 손자들까지 3족을 한꺼번에 처벌하는 무섭고 처참한 처벌 방법이 있었던 사실이 역사에 남아 있다. 이것은 한 나라의 왕의 분노로 내려지는 극한 형벌이었지만 하나님께서 분노하실 때는 이런 3족을 한 날 한 시에 멸하고 그치는 정도의 분노가 아니다. 사람이 범죄했을 때 내리신 하나님의 형벌은 인류 전체에게 미친 형벌이었으니 한 사람 아담이 범죄 했을 때 모든 인류가 저주 가운에 들어가 영원히 죽을 수밖에 없는 지경에 이르렀다. 그뿐만 아니라 아담의 범죄로 땅까지 저주를 받아서 아담이 종신토록 이마에 땀을 흘리고 수고해야 그 소산을 먹을 수 있게 하시었다.

가인이 자기 아우 아벨을 죽였을 때 하나님께서는 네 아우 아벨이 어디 있느냐?고 책임 추궁을 하셨다. "내가 내 아우를 지키는 자니이니까?"라고 뻔뻔스럽게 대답하는 가인에게 하나님께서 "그렇다"는 가정하에 대화를 계속하셨다. 이 말은 우리 모두는 우리 형제를 지키는 자들이라는 뜻이다.

인류의 첫 번째 살인자 가인에게 책임을 물으신 하나님께서는 "땅이 그 입을 벌려 네 손에서부터 네 아우의 피를 받았은즉 네가 땅에서 저주를 받으리니 네가 밭 갈아도 땅이 다시는 그 효력을 네게 주지 아니할 것이요…"라고 아담의 범죄로 이미 저주받았던 땅을 또 한 번 저주하셨다.

나는 나 혼자만 존재하는 고립된 존재가 아니다. 내가 잘하면 하나님께서 나를 축복하실 것이요 내가 잘할 때 하나님께서 내 가정을 축복하실 것이며 내가 잘함으로 내 교회가 축복을 받으며 나 하나로 인해 내 민족이 축복을 받게 되는 것이다. 물론 이와 정반대로 나 한 사람의 잘못으로 하나님의 진노를 받아 내가 망하고 나 때문에 내 가정이 파괴되고 나 한 사람 때문에 내 교회가 시끄러워지고 나로 인해 내 민족이 수난을 받을 수도 있는 것이다. 따라서 내 자신의 범죄가 얼마든지 하나님의 진노를 불러일으켜서 온 인류를 괴롭게 만들 수 있는 무서운 사실을 부인할 방법이 없다.

B. 자연계의 격동

요나의 탈선행위는 자연계를 격동시켜 바다에 큰 폭풍우를 일으키는 결과를 가져왔다. 하나님께서는 사람들이 범죄할 때마다 자연을 많이 이용하셔서 사람들을 처벌하신다. 이미 언급한 대로 아담의 범죄로 땅이 저주를 받아 가시덤불과 엉겅퀴를 냄으로 사람이 이마에 땀을 흘리면서 이런 억센 식물들을 걷어내고 뽑아내야 겨우 먹을 것을 구할 수 있게 하셨다. 가인이 범죄했을 때 하나님께서 또 한번 저주하셔서 밭을 갈아도 이전과 같은 소산을 내지 못하게 만드셨다. 그러니 자연은 자연대로 사람들이 범죄할 때마다 원치 않는 저주 상태에 들어가 신음하고 있는 것이다. 자연이 저주 상태에서 탄식하고 있는 사실을 사도바울이 다음과 같이 잘 설명해 주고 있다.

"피조물의 고대하는 바는 하나님의 아들들의 나타나는 것이니 피조물이 허무한데 굴복하는 것은 자기 뜻이 아니요 오직 굴복케 하시는 이로 말미암음이라. 그 바라는 것은 피조물도 썩어짐의 종노릇한 데서 해방되어 하나님의 자녀들의 영광의 자유에 이르는 것이니라. 피조물이 다 이제까지 함께 탄식하며 함께 고통하는 것을 우리가 아나니 이뿐 아니라 또한 우리 곧 성령의 처음 익은 열매를 받은 우리까지도 속으로 탄식하여 양자될 것 곧 우리 몸의 구속을 기다리느니라." (로마서 8:19-23)

이렇게 사람들의 범죄로 자연도 피해를 입고 속으로 탄

식하고 있는데 그 중에도 우리 나라 영역권에 속한 자연계는 그 비참함이 극심한 지경에 이르렀다. 하수도의 오물과 공장의 화학성 폐수를 바다로 쓸어 넣어 조패류의 몰살을 가져오고 사람의 발꿈치가 지나간 자리면 골목길, 지하철, 고속도로, 산꼭대기, 산골짜기, 강이나 바다 어디를 가도 쓰레기로 덮여 있는 것이다. 공기오염, 식수오염, 소음공해, 심지어 사람이 먹는 음식에까지 독성 물질을 넣어 만들어내고 있는 형편이다. 금수강산 삼천리라고 자랑하던 것은 이미 신화가 되어 버렸고 이제는 우리 땅이 공해와 쓰레기더미 밑에서 신음하고 탄식하고 있는데 이것이 바로 나 한 사람이 저지른 잘못인 것을 자각해야 한다.

40일 금식 기도를 하고 내려오는 사람이 기도원에서 내려오는 길에 휴지 조각이나 빈 음료수 병을 아무데나 내던지고 내려오면 그 사람이 참으로 40일 동안 하나님과 대화를 하고 오는 사람인지 의심해 볼 만하다. 유치원에서나 국민학교 일학년 때 이미 다 배운 가장 기초적인 공중도덕도 지키지 못하는 사람이면 하나님과 대화할 자격도 없을 뿐만 아니라 40일 동안 목청을 돋구어 눈물로 기도를 했다 해도 생활의 변화가 없는 그런 기도는 남에게 자랑하기 위해 기도하던 바리새인들의 기도와 다를 것이 없다.

II. 주변 상황

A. 신을 불렀다

"사공이 두려워하여 각각 자기의 신을 부르고 또 배를 가볍게 하려고 그 가운데 물건을 바다에 던지니라…"

배가 거의 깨어지게 되었을 때 사공들이 두려워하여 각기 자기들의 신을 부르기 시작했는데 이것은 사공들의 종교성을 보여주는 것이다. 이 사공들은 아마도 베니기아 사람들이었던 것 같은데 각자 자기들의 신을 불러 죽기 직전에 있는 자기들을 구원해 달라고 부르짖었던 것이다. 물론 이들의 수고는 헛된 것이었으니 참된 하나님을 알지 못하고 아무렇게나 울부짖는다고 해서 그들에게 구원이 주어질 까닭이 없는 것이다.

지금 이 세대는 아직도 복음 전파가 절실하게 필요한 세대이다. 흔히 말하기를 이제 우리 나라는 방방곡곡 복음이 전파되지 않은 곳이 없다고 자부한다. 그래서 우리가 할 일은 세계를 복음화하는 일이라고 주장한다. "세계 선교는 우리의 손으로!" 라는 구호를 당당하게 외치고 있다. 이미 복음이 다 전파된 우리 나라에서 복음을 전할 필요가 없어 외국으로 나가야 한다는 주장은 전혀 잘못된 말이다. 많은 사람들이 나는 10년 혹은 15년 교회에 다녔으나 ○○○ 목사, ○○○ 장로, ○○○ 집사, ○○○ 평신도 등 예수를 잘 믿노라 하는 사람들의 사생활을 보니 전혀 기독교인이라고 말할 수 없는 거짓에 싸인 생활을 하는 것을 보고 실망하여 예수 안 믿기로 작정했노라는 사람들이 수도 없이 많다.

아무리 교회를 떠나 멀리 도망치고 있는 사람일지라도 그 속마음을 잘 관찰해 보면 그들의 깊은 심령 속에는 구원에 대한 갈망이 있고 하나님을 알고자 하며 예수 그리스도의 대속을 필요로 하는 사람들이다. 이 사람들은 올바로 예수를 바라보지 못했기 때문에 사람의 얼굴을 쳐다보고 거기에서 하나님을 찾으려다가 실망을 했던 것이다. 마치 요나가 탔던 배의 선원들이 바른 하나님을 바라보고 기도하지 못하고 자기들이 하나님이라고 믿는 엉뚱한 것에게 소리를 지르고 구원을 청했던 것이나 다름없다.

지금 우리 교계는 "빨리 와서 우리를 도와주시오"라고 아프리카 정글에서 부르짖는 소리는 잘 듣고 있다. 중남미의 인디안들이 "어서 와서 우리를 도와주시요"라고 부르짖는 소리를 듣고 즉시 반응을 보인다. 중공이나, 소련에 복음을 전파한다는 명목으로 서둘러서 선교 여행을 떠나는 사람들이 부쩍 늘어나고 있다. 외국말만 잘 들리는 우리들의 귀를 조심스럽게 열어서 우리 가족 중에서 구원이 필요해서 부르짖는 소리를 듣는 연습을 시작해야겠다. 우리의 가족이나, 우리의 이웃, 혹은 우리 나라는 피상적으로 무심하게 볼 때 아무 일도 없는 것 같으나 영의 눈을 밝히 떠서 자세히 들여다보면 얼마나 많은 사람들이 그리스도의 복음을 필요로 하는지 그 수를 셀 수도 없이 많은 것이다.

B. 교회 내에 복음이 필요하다

하나님께서 예레미야에게 명하실 때 너는 성전에 가지 않는 사람들에게 가서 말씀을 전하라 하시지 않았다. 오히려 성전 예배를 드리려고 성전으로 들어가는 자들에게 가서 말하라고 명하셨다.

> "여호와께로서 예레미야에게 말씀이 임하니라 가라사대 너는 여호와의 집 문에 서서 이 말을 선포하여 이르기를 여호와께 경배하러 이 문으로 들어가는 유대인아 다 여호와의 말씀을 들으라 만군의 여호와 이스라엘의 하나님이 이같이 말씀하시되 너희 길과 행위를 바르게 하라 그리하면 내가 너희로 이곳에 거하게 하리라 너희는 이것이 여호와의 전이라, 여호와의 전이라, 여호와의 전이라 하는 거짓말을 믿지 말라."(예레미야 7:1-4)

성전 예배를 드리고 모든 의식 절차를 다 잘 지키나 실천을 하지 못하면 이 성전 예배가 다 헛된 것이라고 말씀하셨는데 이것은 현대의 기독교인들에게도 똑같이 적용되는 말씀이다. 새벽기도, 성수 주일, 십일조를 바치는 것만으로 참된 기독교인이 됐다고 자부하면 이것은 대단히 잘못된 교만심이다. 우리 자신을 하나님 앞에서 완전히 쪼개 보일 때 그 길과 행위가 올바르지 못하면 이것이 여호와의 전이라, 여호와의 전이라고 거짓말 하는 사람이지 참으로 구원함을 받은 기독교인은 아니다.

따라서 교회에 출석하는 것이 중요한 것이 아니고 교회

에 출석한다고 해서 다 구원받은 사람이라고는 말할 수 없다. 요나가 탔던 배의 사공들도 자기들의 생명을 구하기 위해 자기들의 신의 이름들을 불러 소리지른 것과 마찬가지로 모든 세상 사람들은 자신의 구원을 위해 자기들 나름대로 힘껏 노력하고 있다.

성수 주일하고 십일조를 내고 새벽기도를 빠지지 않고 다니며 모든 의식 절차를 철저하게 지키나 참으로 중생하지 못했으면 이 모든 것이 헛된 수고일 뿐이다. 쓸데없는 만담이나 자기 경험담 혹은 자기 자랑이 강단에서 흘러나와서는 안된다. 진리의 복음이 교회에서 다시 전파되어 참으로 중생한 기독교인들이 나와야 할 때이다.

참으로 중생한 사람은 그의 사생활이 변화되어 교회 문 안에서나 교회 문을 벗어났을 때나 꼭같은 생활을 하는 사람들이다. 이들이 거리를 거닐 때 믿지 않는 세상 사람들이 보고 "아! 저기 참 기독교인이 지나가는구나" 하고 구별하여 알아볼 수 있을 정도로 변화된 신앙생활을 함으로 복음의 산 증인들이 되어야 하는 것이다.

III. 선지자의 상황

A. 거짓 안정감

 풍랑이 심하고 배가 파선하게 된 지경인데도 선지자 요나는 배 밑창에 들어가 늘어지게 자고 있었다. 하나님의 낯을 피해 도망하여 배의 제일 밑창에 들어가 있으니 이제는 됐다 하고 안심했던 것이다. 이것이야말로 거짓 안정감에 빠져 있어 하나님의 역사에 무감각해졌던 것을 증거해 준다. 요나는 또한 같은 배에 타고 있는 선원들의 고통에 대해서도 무관심한 상태였다.
 우리는 모두 교회 안에 깊숙이 들어와 있으니 이제는 안심이다 하고 착각 속에 빠져 있지나 않은지 우리 자신을 살펴볼 필요가 있다. 모든 것이 다 잘 되어 가거니… 내 가족이 다 예수를 잘 믿어 축복을 받거니… 내 이웃이 다 예수를 잘 믿어 축복을 받거니… 하는 등의 안정감 속에 빠져 있어서 선지자적인 역할을 해야 하는 우리 기독교인들이 잠을 자고 있지나 않은지 반성해 볼 필요가 있다. 거짓 안정감 속에 싸여 있어 주변 환경에 무감각한 사람들을 향해 예수님께서 "…이 세대 사람을 무엇으로 비유할꼬 무엇과 같은고 비유컨대 아이들이 장터에 앉아 서로 불러 가로되 우리가 너희를 향하여 피리를 불어도 너희가 춤추지 않고 우리가 애곡을 하여도 너희가 울지 아니하였다 함과 같도

다."(누가복음 7:31)라고 하셨다.

"거짓 안정감에 싸여 잠자고 있는 자여"라고 말씀하시면서 우리의 어깨를 흔들어 깨우시는 그리스도의 손길을 느끼는가?" "의식과 형식에 사로잡혀 자만하는 교회여 언제까지 거짓 안정감에 파묻혀 있겠는가?" "언제까지 진리에 무감각 하려는가?" "언제까지 영적인 무감각 상태에 빠져 있으려는가?"라고 물으시는 그리스도의 음성이 들리지 않는가?

멀리 외국 사람들에게 복음을 전하러 간다고 서두르기 전에 먼저 나 자신과 내 가족, 내 이웃 그리고 내 교회가 이 거짓 안정감에서 깨어나 정신을 차리고 우리 가운데 살아 역사하시는 하나님의 역사를 조심스럽게 관찰하고 그의 뜻을 받아들일 준비를 해야 할 때이다.

적극적이고 긍정적인 사고방식이라는 단어는 목회 방법에도 사용되기 시작한 지 오래다. 교인들에게 바른 말을 해주기보다는 십일조를 잘 내면 하나님께서 몇 배로 축복해 주신다, 건강을 주신다, 행복을 주신다는 등 듣기 좋은 말로 거짓 안정감을 주는 것이 허다한 교회의 목회 지침이 되고 있다.

"아무든지 나를 따라 오려거든 자기를 부인하고 자기 십자가를 지고 나를 좇을 것이니라"(마태복음 16:24)

고 하신 말씀은 될 수 있는 대로 거론하지 않는 것이 일종의 예의가 되었다. 예수님께서 "진리를 알지니 진리가 너희를 자유케 하리라"(요한복음 8:32)고 말씀하셨을 때

"우리가 아브라함의 자손이라 남의 종이 된 적이 없거늘 어찌하여 우리가 자유케 되리라 하느냐"고 유대인들은 오히려 예수님의 말씀에 도전했다.

바벨론 포로 이후 줄을 이어 페르샤, 헬라, 그리고 로마의 식민지로 주인을 바꿔 가면서 자그마치 600여년간 남의 나라 식민지로 살아온 유대인들이 우리는 아브라함의 자손으로 남의 노예가 되어 본 적이 없다고 뻔뻔스런 거짓말을 하고 있었던 것이다. 이렇게 천연스럽게 거짓말하는 유대인들을 향해서 "너희는 너희 아비 마귀에게서 났으니 너희 아비의 욕심을 너희도 행하고자 하느니라 저는 처음부터 살인한 자요 진리가 그 속에 없으므로 진리에 서지 못하고 거짓을 말할 때마다 제 것으로 말하나니 이는 저가 거짓말쟁이요 거짓의 아비가 되었음이니라"고 책망하셨다. 사탄은 거짓말의 아버지이며 거짓 안정감을 주는 자이다.

"한국 사람들은 거짓말을 잘한다"라는 것은 일반적인 외국인들의 평이다.

한국 대학에 교환 교수로 나왔던 사람이 쓴 글 가운데 한국 학생들이 시험도 보지 않고 나중에 찾아와서 학점을 달라고 요구하니 이것이 어떻게 가능한가? 정직하지 못한 것 정도가 아니라 무감각한 상태에서 이런 무리한 요구를 하는 것을 보고 놀랐다는 고백을 했다. 그렇다. 사탄은 거짓 안정감을 줄 때 우선 사람들을 무감각하게 만들어 놓는 방법을 쓰고 있다.

B. 거짓 평안

전쟁과 기근과 지진 그리고 예기치 않았던 홍수나 사고와 질병들이 끊임없이 우리 주변을 덮어 누르고 있음에도 사람들은 마치 아무 일도 없었던 것처럼 또 아무 일도 없을 것처럼 평안하게 살아가고 있다. 예수를 믿지 않는 사람들이 이런 압박감과 공포 속에서도 어떻게 정신병이 안 들고 평안하게 아무 일도 없는 것처럼 살아갈 수 있을까? 이것은 사탄이 주는 거짓 평안함 때문이다.

  요한1서 5장 19절에 "또 아는 것은 우리는 하나님께 속하고 온 세상은 악한 자 안에 처한 것이며"라고 했다. 여기에 말하는 "악한 자"는 정관사가 붙은 "그 악한 자" 즉 사탄을 가리키는 것이다. 또 온 세상이 악한 자 안에 처한다라고 한 것은 배가 항구에 들어와 닻을 내리고 있기 때문에 방파제 밖에서는 폭풍우가 일고 산더미 같은 파도가 칠지라도 방파제 안에 들어와 있는 배는 염려하지 않고 폭풍우를 피해 평안히 있는 것과 같은 상태를 말한다.

  온 세상이 사탄 안에 들어와서 평안하게 머물어 있을 수 있는 것은 사탄의 독소에 물들어 있기 때문에 거짓 평안함 가운데 있으면서도 그것을 깨닫지 못하는 무감각한 상태에 있기 때문이다.

결 론

  오늘날 기독교는 물질주의화 되고 있다. 그래서 물질적인 축복을 받거나 육체적 병을 고치기 위해, 혹은 황홀한 경험을 얻기 위해 교회 문으로 밀려들어오고 있다. 그리스도께서 네 자신의 십자가를 지고 나를 따르라고 하셨는데 십자가는 내동댕이쳐 버린 지 오래다. 우리는 지금 사탄이 주는 거짓 안정감이나 거짓 평안함에 빠져 요나처럼 깊은 잠에 빠져 있지나 않은지 점검해 볼 필요가 있다. 나만은 안전하고 나만은 평안하다고 배 밑창에서 편히 자고 있는 동안 배가 파선하면 나부터 제일 먼저 가라앉아 버릴 것이다. 깨어서 정신 차려 복음의 빚진 자로 사역할 의무가 우리에게 있다.

2. 요나의 정직성

본문 : 요나 1:7 - 10

서 론

　한국 사람은 거짓말쟁이다!
　몇 년 전 홍콩의 한 무역상 앞에 열어제친 가마니에 나무 껍질, 신문지 뭉치 등을 마른 오징어 켜켜 사이에 끼어 넣은 것과 한두 개 다리만 붙은 오징어들을 상위에 늘어놓고 "이것이 한국산 오징어이다!"라고 커다랗게 광고문을 써 붙인 사건이 홍콩에서 있었다. 한국에서 오징어를 수입해 왔는데 짐짝을 열어 보니 이렇게 오징어는 몇 마리 들지 않고 나무 껍질 신문지 뭉치 등을 잔뜩 집어넣어 보낸 물건을 받아 본 홍공의 상인이 대단히 화가 나서 한국에서 들어온 짐짝을 시장 바닥에 펼쳐 놓고 "한국 사람은 거짓말쟁이다"라고 온 천하에 광고를 했던 것이다.
　미국의 한 수입상이 한국에서 거울을 수입해 왔는데 거

울이 아닌 유리로 가득찬 콘테이너가 화물선에 실려 쌘프
란시스코에 도착했던 사건이 있었다. 뉴욕에 있는 대부분
의 한국 무역상들이 이제는 한국 물건을 수입해다가 팔지
않고 중공이나 대만 그리고 필리핀 등지에서 물건을 사들
이고 있다. 이왕이면 한국 물건을 수입해 오시지 그러십니
까 하고 뻔히 아는 사실을 물어볼 용기도 이제는 남지 않았
다.

　수년전 캘리포니아 법정에서 한국인의 법정 증언을 무효
처리한 사건이 있었다.

　그 이유는 한국 사람들은 법정에서 선서를 하고도 태연
하게 거짓말을 할 수 있는 민족이기 때문에 그 증언을 믿을
수 없다는 것이었다. 이러한 법정 판결은 아메리칸 인디안
들이 아무리 하나님 앞과 엄숙한 법정에서 서약을 했을지
라도 태연하게 거짓 증언을 했었기 때문에 인디안들의 증
언은 무효화했던 판결 예가 있었는데 이러한 판결 예를 그
대로 받아들여 한국 사람들의 증언도 얼마든지 거짓 증언
일 수가 있다는 판결을 내린 것이다.

　인디안들은 조상 대대로 살아온 영토를 백인들에게 빼앗
긴 원한과 울분이 가득차 있는 데다가 실제로 하나님을 믿
지 않는 상태에서 하나님 앞이나 엄숙한 법정이라는 것이
이들에게는 아무런 의미가 없기 때문에 얼마든지 거짓 증
언을 할 수 있었던 것이다. 이러한 인디안들의 판결 예를
오늘날 미국의 법정에서 한국 사람들에게 적용해서 한국
사람들은 거짓말을 잘하는 사람들이기 때문에 그들의 증언
을 받아들일 수 없다는 수치스러운 판결을 내렸던 것이다.

이것은 내 민족에게, 내 이웃에게 내 형제에게, 더 멀리 갈 것 없이 내 얼굴에 뿌려진 오욕이다.

Ⅰ. 자기 자신을 속인 요나

사람은 남을 속이기 전에 먼저 자신을 속이는 동물이다. 과대망상증에 걸려 자기 자신이 되지도 못했으면서 된 척하고 어리석기 짝이 없으면서도 가장 지혜로운 척하며 사람들 앞에서 큰소리 쳐서 자기의 한계성을 인정하지 않으려는 것이 사람들의 본성이다.

그런가 하면 자기 자신을 너무 과소평가해서 나는 이런 것은 못한다, 나는 못났다, 나는 실력이 없다, 나는 머리가 나쁘다, 나는 몸이 너무 약하다, 나는 너무 늙었다는 등 평계를 만들어 반드시 자기가 해야 할 일들을 등한히 하거나 남에게 미루어 버리고 아니면 아예 못 본 척, 못들은 척하는 것은 또 다른 방법으로 자신을 속이는 행위이다.

요나는 우선 자기 자신을 속인 사람이다. 자신을 속이고 동승한 선원들을 속였고 또 하나님을 속이려고 했다. 그리고서 속으로 이제는 모두 내 속임수에 넘어갔으니 안심이다 하고 자기 가슴을 쓸면서 또 한 번 자기를 속였던 것이다. 요나가 자신을 속이지 않는 유일한 방법은 하나님의 말씀을 전하라는 명령에 무조건 복종하는 것이었다. 민족적인 편견으로 자기 마음에 들지 않는 일이었을지라도 자기에게 주어진 사명에 충성을 다하는 것이 자신을 속이지 않는 길이었다. 전지전능하신 하나님을 속일 수 있으리라고 생각하고 도망칠 계획을 한 것 자체가 자기 꾀에 자기가 속은 어리석기 짝이 없는 짓이었다.

정치를 하는 사람은 정치를 할 때 권모술수를 쓰지 않고 최선의 노력을 다하는 것이 민족을 속이지 않고 또 자기를 속이지 않는 것이다. 사업가는 사업가대로 다른 사람 앞에서가 아니라 자기 자신 앞에서 얼마나 정직하게 최선을 다해 노력을 했는가 하는 것이 성공의 비결일 것이다. 자녀를 기르는 부모나 학생을 가르치는 선생들이 자기 양심에 비추어 얼마나 최선을 다해 충성스럽게 자녀들을 길렀고 학생들을 가르쳤나 하는 것은 그 열매를 보아 알 수 있을 것이다. 학생은 학생의 신분으로 열심히 공부하는 것이 자기를 속이지 않는 행위이고 그 결과는 물론 졸업을 하는 그날 열매를 거두게 된다.

요나는 임무가 주어졌을 때 "원수의 나라에 하나님의 말씀을 전하라니 이것만은 도저히 못하겠다"라고 자기 가슴 속에 맺힌 적국에 대한 미움 때문에 반항을 했을 뿐만 아니라 자기는 오히려 민족주의자라는 자부심을 핑계로 자신을 속이고 도망치기 시작했던 것이다.

Ⅱ. 선원들을 속임

제비뽑기를 한 결과 제비가 요나에게 떨어졌을 때 선원들이 요나에게 너는 어느 나라 사람이며 어디서 왔으며 무엇을 하는 사람이고 무엇을 어떻게 했기에 이 재앙이 우리에게 임했는지 말하라고 했다.

"청컨대 이 재앙이 무슨 연고로 우리에게 임하였는가 고하라 네 생업이 무엇이며 어디서 왔으며 고국이 어디며 어느 민족에 속하였느냐."(요나 1:8)

선원들이 요나가 선지자인 사실을 알아보지 못했을 뿐만 아니라 심지어 요나가 유대인인 것조차도 알아보지 못해서 국적이 어디며 어느 민족이며 어디서 왔느냐고 꼬치꼬치 캐어물은 것을 보면 요나가 자신을 변장해서 감쪽같이 선원들을 속였던 것이 분명하다.

이 당시 유대인들은 그들의 복장만 보아도 구별이 되었던 것이다. 그 좋은 예로 예수님께서 사마리아로 여행을 하실 때 우물가의 사마리아 여인에게 물을 달라고 청하시니까 이 사마리아 여인이 즉각적으로 대답한 말이 "당신이 유대인인데 어째서 사마리아 여자인 나에게 물을 달라 하십니까?"라고 대답했던 것이다. 예수님을 처음 대면한 이 사마리아 여자가 예수님이 유대인이신 사실을 즉시 알아 볼 수 있었던 것처럼 이 당시 주변의 민족들은 누구나 유대인을 구별하여 알아볼 수 있었던 것이다. 더구나 유대인들 중에서도 선지자는 복장 뿐만 아니라 겉으로 나타나는 얼굴 모습과 그 인품을 보아서도 보통 사람과는 구별이 되었어야 했다. 그러나 요나는 철저하게 자기를 속였을 뿐만 아니라 다른 사람들도 속이려고 노력했던 것이 분명하다. 그래서 같은 배에 타고 있던 선원들이나 선객들이 요나의 존재를 의식하지 못했던 것이다.

　사람들은 남을 속일 수 있으리라고 생각해서 거짓말들을 잘한다. 그러나 거짓말은 종국에 가서는 반드시 드러나고야 마는 것이다. 그럴 듯한 거짓말을 해서 몇 시간, 며칠, 혹은 몇 달, 몇 년 길게 잡아 내가 살아 있는 동안은 그 거짓말을 교묘하게 덮어둘 수 있을는지는 모른다. 그러나 인류의 역사가 흐르고 있는 동안 완전 은폐란 전혀 불가능한 것이다. 요즘 와서 회고록이니 노출 기사니 하면서 4-50년 전의 이승만 박사의 비화나 박정희 대통령, 전두환 대통령의 비화들을 시시콜콜 들추어내서 기사화하는 것을 볼 수 있다.

　저 사람이 내 거짓말에 감쪽같이 속아넘어갔다고 좋아하는 사람처럼 어리석은 사람이 이 세상에는 없다. 또 흔히 말하기를 마음 좋은 사람들이 잘 속는다고 한다. 그러나 마음 좋은 사람들이 바보이기 때문에 속는 것이 아니다. 마음이 좋기 때문에 알면서도 속아 주는 것뿐이다. "네가 날 속이다니, 내가 바보인 줄 아느냐?" "나를 인격적으로 무시해도 분수가 있지 감히 누구를 속이려 드느냐?" 하고 함께 어우러져 멱살을 잡고 싸우기 싫으니까 모르는 척하고 속아 주는 것뿐이다. 사람이 사람을 속이지 못하는데 하물며 사람이 전지 전능하신 하나님을 속일 수 있겠는가? 우주 전체를 주관하고 계시며 지구의 구석구석 어디에나 편재해 계실 뿐만 아니라 우리를 손바닥 위에 올려놓고 들여다보시듯이 보시는 하나님을 속이겠다고 시도해 보는 사람처럼 어리석은 자가 없다. 만일 우리가 우리의 재간으로는 아무도 속일 수 없을 바에야 우리의 모습 그대로 자연스럽게 산다면 그것처럼 편하고 행복된 일이 없을 것이다. 나 자신을 과대평가 해서 남에게 자랑하기 위해 없는 실력이라도 짜내 보이려고 노력하다가 꼬리가 잡힌 후에 변명하기 위해 또 다른 거짓말을 만들어 내는 고역을 치를 필요가 없이 있는 그대로 하나님과 사람 앞에서 그리고 내 자신에게 정직하게 살아야 하겠다. 나는 못났다, 나는 너무 몸이 약하다, 나는 너무 아무것도 할 줄 모른다 라고 자신을 과소 평가하는 것은 일종의 투정밖에 안된다. 하나님께서는 내게 주신 그 능력과 재능대로 소신껏 열심히 일하는 것을 바라시고 능력의 한계를 벗어난 기이한 일을 하는 것을 원치 않으신다. 예수님의 가르치심 중에 어떤 사람이 외국에 나가면서 자기 종들을 불러 자기 소유를 맡길 때 각각 종들의 재능에 따라 금 다섯 달란트, 두 달란트, 한 달란트씩을 맡기고 떠났던 비유를 드신 일이 있다. 내가 나이기 위해서는 나를 속이는 일을 하지 말고 하나님께서 주신 달란트 대로 정직하게 최선을 다해서 살아야 할 것이다.

Ⅲ. 요나의 정직한 고백

"네 생업이 무엇이고 어디서 왔으며 고국이 어디며 어느 민족에 속했는가? 네가 무슨 일을 저질렀기에 이런 재앙이 우리에까지 미치게 했는가" 라고 선원들과 그 배에 탔던 사람들이 다그쳐 물었다. 변장을 하고 배 밑창에 숨어 들어가 잠을 자던 요나가 이때만은 솔직하게 자신에 관한 모든 것을 고백했다.

"나는 히브리 사람이요 바다와 육지를 지으신 하늘의 하나님 여호와를 경외하는 자로라"고 말하면서 자기가 하나님의 명령을 거역하고 도망쳤기 때문에 이런 풍랑이 일어난 사실을 고백했다. 요나는 이렇고 저렇고 여러 가지로 구구하게 변명과 이유를 붙이지 않고 자신의 신분을 떳떳이 밝혔을 뿐만 아니라 나를 들어 바다에 던지라고 말함으로 적어도 자신의 범죄에 대한 책임을 지고 죽을 것을 각오했던 것을 볼 수 있다.

옛날 우리 나라의 속어 중에는 "남자는 배짱 여자는 정절"이라는 말이 있었다.

철저한 민족주의자인 요나는 하나님의 명령이라도 들을 수 없다고 자기 자신이 결정을 한 후에 하나님을 속이고 이웃을 속이고 자기 자신까지도 속이면서 도망치다가 잘못을 지적 당했을 때 변명하지 않고 죽음을 각오하는 배짱이 있었다.

눈앞에 닥친 죽음을 보고 무슨 다른 묘안이 없을까 하고 눈을 번뜩이고 잔재주를 부려 보려고 하지 않았다. "아이고 하나님 제가 잘못했으니 제발 이번 한번만 용서해 주시고 이 풍랑을 잠잠케 해 주십시요 그러면 내가 하나님을 위해서 이러 이러한 일을 하겠습니다…."라고 목숨을 위해 비굴하게 기도하지도 않았다. 죽음을 눈앞에 두고도 오히려 태연하게 나를 바다에 던지라 내가 저지른 잘못에 대해 달게 처벌을 받겠다는 평온한 태도를 보였던 것이다.

인간이 인간답게 살 때 고귀하게 보이나 인간답지 못하게 살 때 그는 비굴하고 천해 보이는 것이다. 하물며 기독교인들이 기독교인답게 정직하게 살지 못할 때 그러한 기독교인들은 비굴하고 천하다는 말로만으로는 부족한 표현이 된다. 기독교인이라고 자처하는 자들이 거짓말을 물 마시듯 하고 사기 행각을 하면서도 겉으로는 선한 척 하여 새벽 기도하는 것을 자랑하고, 주일을 잘 지킨다고 안심하며 십일조를 꼭 바치니 하나님 내게 더 큰 축복으로 쏟아 부어 주십시요 하고 큰 소리로 기도하는 현대 한국 기독교인들을 보시고 "회칠한 무덤과 같은 바리새인들아" 하고 책망하시는 우리 주님의 불같은 음성이 우리 머리 위에 떨어질 것이 두렵기만 하다.

결 론

  오늘날 우리는 점잖게 요나를 비판하고 있는 입장이다. "미련하기도 하지 어떻게 감히 하나님을 속일 수 있으리라 생각하고 하나님의 얼굴을 피해 도망칠 수 있으리라고 상상했었단 말인가?" 라고 요나의 어리석음을 비평하고 있다. 그러나 요나는 적어도 정직하고 솔직했던 사람임을 알 수 있다. 그가 잘못을 지적 받았을 때 구태여 거짓말로 이렇게 저렇게 변명하지 않고 "나는 하늘의 하나님 여호와를 경외하는 사람이요 하나님의 명령을 거역하고 도망하던 사람이요" 라고 솔직하게 모든 것을 털어놓고 고백했다.

우리의 생활을 돌아볼 때 우리가 성실스럽게 살지 못한 점이 있지 않았는가? 우리 자신을 기만하고 변명하고 우리에게 주어진 직무에 충실하지 못한 점이 있지 않았는가? 기독교인이라고 자처하는 우리가 이중적인 생활을 해서 이웃을 속이고 삶으로 그리스도를 위한 참된 증인이 되기는 커녕 오히려 그리스도를 다시 십자가에 못 박는 생활을 하지 않았는가? 어리석게도 하나님을 속일 수 있으리라고 생각하여 하나님께로부터 축복권과 저주권을 불하받은 것처럼 행동 할뿐만 아니라 하나님께로부터 병 고치는 능력과 방언하는 은사를 받았다고 큰소리치며 오히려 하나님의 이름을 망령되게 일컫는 큰 범죄를 하고 있지 않은지 우리 자신을 돌아보고 반성할 때가 되었다.

하나님께서 오늘 우리 기독교인들에게는 요나보다 더 크고 귀한 특권을 주셨다. 아무리 중한 죄를 지었더라도 우리는 요나처럼 배 밑창에서 끌려나와 여러 사람들 앞에서 심문을 받고 죽임을 당하는 고비를 겪지 않아도 된다. 사람 앞에서 내 과오를 고백할 필요가 없다. 목사나 신부 앞에서 내 죄를 자복할 필요가 없다. 천상 천하의 모든 것을 다 감찰하시는 하나님 앞에 나아가 우리의 잘못을 고백하기만 하면 모든 문제가 해결되는 것이다.

"만일 우리가 우리 죄를 자백하면 저는 미쁘시고 의로우사 우리 죄를 사하시며 모든 불의에서 우리를 깨끗하게 하실 것이요 (요한1서 1:9)

요나가 솔직하게 자기의 죄를 자복했을 때 의로우신 하

나님께서는 그의 죄를 사해주셨을 뿐만 아니라 그에게 두 번째 기회를 주시어 결과적으로 요나를 통해 하나님의 섭리를 이루시었다. 하나님께서 오늘, 우리의 죄를 사해주셨을 뿐만 아니라 우리를 통해 그의 원하시는 섭리를 이룩하시기를 원하신다.

3. 책임질 줄 아는 요나

본문 : 요나서 1:11-16

서 론

　200년밖에 안되는 짧은 역사이기는 하지만 미국의 역사상 가장 흉악무도한 강도단의 이름을 대라고 하면 "알 카폰 갱단"이라고 누구나 그 이름을 쉽게 말할 수 있을 것이다. 알 카폰 갱단은 1900년도 초반기에 시카고를 중심으로 은행을 털고 다니면서 사람 죽이는 것을 마치 파리 잡듯 했고 도둑질한 돈으로 도박과 향락을 일삼으면서 시카고 천지를 공포의 도가니로 몰아 넣었던 무서운 갱단 이었다. 마침내 이름만 들어도 무서워서 치를 떨던 갱단의 두목 알 카폰이 잡혀서 재판을 받게 됐는데 재판 과정 중에서 수 없이 많은 사람을 살인한 사실이 분명히 증거 됐음에도 "나는 죄가 없다" "내가 잘못한 것이 아니라 불우한 환경에서 나로 하여

금 범죄할 수밖에 없는 인간이 되도록 만든 사회가 잘못이다" "나는 악한 사회의 희생 제물이다, 나는 억울하다" 라고 끝까지 자기가 무죄하다고 주장하면서 뉘우치는 태도를 보이기는커녕 마지막 사형을 당하는 순간까지 반항했다고 한다.

오늘날 많은 사람들은 아무 의식 없이 우리의 정부를 원망하고 우리나라의 경제 체제를 비판하고 있으며 부패된 사회를 신랄하게 비난하기를 주저하지 않는다. 이러한 사회 속에서 우리는 어쩔 수 없이 밀고 밀리는 대로 살 수 밖에 없지 않으냐? 하고 오히려 사회의 부조리를 핑계 대고 자신의 과오를 정당화하고 법을 안 지키거나 숫제 법이 없는 것처럼 행동하는 사람들을 얼마든지 볼 수 있다. 예수를 믿지 않는 사람들에게도 이런 것은 허용될 수 없는 일이어서 아무리 무죄하다고 발버둥을 쳐도 사회가 잘못돼서, 다른 사람이 잘못해서라고 변명을 해도 범죄 사실이 드러나면 법대로 처벌을 하는 것이다. 일반 사회제도를 말하거나 그 규제에 의해 비판을 받거나 처벌을 받기 전에 기독교인들로서 우리가 취해야 될 태도는 어떤 것인가?

I. 솔직한 요나의 고백

하나님의 선지자 요나는 자기의 범죄 행위에 대해서 솔직하고 용감하게 책임을 지고 나섰다 1장 12절에 보면 요나가 "나를 들어 바다에 던지라 그리하면 바다가 너희를 위하여 잔잔하리라 너희가 이 큰 폭풍을 만난 것이 나의 연고인 줄을 내가 아노라"라고 자기의 잘못을 솔직하게 고백했다.

"아무래도 억울하다, 심지가 잘못 뽑힌 것이 분명하니 다시 제비를 뽑아 보자"

"삼세번 제비를 뽑아야 정확하게 결정할 수 있지 않겠는가?" "똑같이 선가를 내고 배를 탔는데 왜 하필이면 제비뽑기를 해서 억울한 사람에게 죄를 뒤집어씌우려고 하느냐?"하고 항의할 만 했는데 요나는 솔직하게 자기의 잘못을 시인했다.

요나가 비록 하나님의 명령을 거역하고 도망하는 범죄를 했을지라도 비굴한 태도를 보이지 않고 "나는 히브리 사람이요 바다와 육지를 지으신 하늘의 하나님 여호와를 경외하는 자"라고 고백하면서 이 풍랑은 하나님의 명령을 거역하고 그의 낯을 피해 도망하려고 하는 요나 자신을 심판하시기 위해 하나님께서 일으키신 것임을 시인했다. 그럴 뿐만 아니라 "나를 들어 바다에 던지라 그리하면 바다가 너희를 위하여 잠잠하리라"고 죽기까지 자신이 책임을 지고 나섰다.

모든 기독교인들은 다행히 구원을 받아 지옥 형벌을 면한 자들이다. 물론 그리스도의 보혈의 피로 죄사함을 받은 까닭이다. 그러나 이러한 구원이 이루어지기 위해서는 반드시 선행 조건이 있는데 그것은 자신이 죄인인 것을 시인해야 되는 것이다. "나는 선하다", "나는 양심적으로 산다", "나는 죄 지은 일이 없다" 고 변명하고 우길 때는 구원이 주어지지 않는다. 우선 요나처럼 용감하게 "나는 죄인입니다." 하고 자신이 죄인임을 고백할 수 있어야 한다. 세상의 많은 사람들이 자기들의 노력으로 구원을 받는 것으로 오해하고 있다. 심신을 닦는 수양을 많이 해서 인격적으로 흠 잡을 것이 없기 때문에 구원이 주어지는 것이 아니다. 불쌍한 사람을 많이 도와주고 선행을 하는 덕을 많이 쌓았다고 해서 구원이 이루어지는 것이 아니다. 아무리 인간의 눈으로 볼 때 순수한 사람이고 선한 일을 많이 하노라고 평생 노력을 했어도 그가 쌓은 선행이 구원의 대가를 지불하지는 못하는 것이다.

사람의 눈을 감쪽같이 속이는 기막힌 위선자라도 노벨평화상을 탈 수 있고 막사이사이상을 탐으로 사람들의 선망의 대상이 될 수 있고 존경을 받고 극진한 대우를 받을 수 있다. 그러나 이 모든 것이 다 하나님 보시기에는 가증한 것이요 악한 것뿐이다. 사람이 자기는 선한 사람이라고 자부하고 착하게 의롭게 보이려고 노력하고 행동하여 사람의 눈을 속일 수 있을지 모르지만 전지 전능하신 하나님만은 속일 수 없는 것이다. 어차피 하나님을 속이는 것이 불가능하다면 일찌감치 마음을 고쳐먹고 "하나님 나는 죄인입니다" 하고 솔직하게 고백하는 것이 현명한 태도이다.

이렇게 우리 자신이 죄인인 것을 시인한 후에 해야 될 일을 로마서 10:9-10절에 다음과 같이 서술해 주고 있다.

"네가 만일 네 입으로 예수를 주로 시인하며 또 하나님께서 그를 죽은 자 가운데서 살리신 것을 네 마음에 믿으면 구원을 얻으리니 사람이 마음으로 믿어 의에 이르고 입으로 시인하여 구원에 이르느니라."

Ⅱ. 선원들의 태도

요나서 전체를 통해 볼 때 요나는 선원들에 대해 좋게만 묘사한 것을 발견하게 된다. 요나가 자기의 잘못을 고백했을 뿐만 아니라 너희들이 살기 위해서는 나를 물 속에 던져 넣으라고 말했음에도 불구하고 선원들은 요나를 죽이지 않고 어떻게 해서든지 노도를 피해 보려고 노력했다. 사실 선원들은 요나 한 사람으로 인해 이미 자기들이 가지고 있던 모든 소중한 것들을 다 바다에 넣어 버렸기 때문에 막대한 재물의 손해를 입고 있던 사람들이었다. 그러나 요나에게 "당신 때문에 우리가 너무 많이 손해를 보았으니 당신은 죽어 마땅한 사람이요" 라고 원망하지 않고 오히려 힘써 노를 저어 배를 육지에 돌리려고 했으나 바다가 그들을 향해 점점 더 흉흉해졌던 사실을 1장 3절에서 기록하고 있다.

요즘 우리나라는 사람의 생명을 너무 가볍게 생각하고 돈 몇 푼을 뺏기 위해 죄 없는 어린아이들을 유괴해다가 죽여 버리는 일이 비일비재하다. 사람을 잡아다가 인신 매매를 하는 등 너무도 인명을 귀하게 여길 줄 모르는 민족이다. 만일 요나가 우리나라 사람의 선박을 탔을 때 이런 일이 일어났었더라면 우리나라의 선원들은 "막대한 재산에 피해 입힌 이놈!" 배짱 좋게 배 밑창에서 쿨쿨 잠을 자다니, 네가 곱게 죽을 줄 알았느냐?" 하고 실컷 두들겨 팬 뒤에 물에 집어넣어도 넣었을 것이다.

요나서에 나오는 선원들은 이방인들로 그것도 뱃놈들이라고 옛날에는 비교적 천시하던 사람들이었을지라도 마지막까지 사람의 생명을 소중하게 생각해서 요나를 즉시 바다에 던져 희생시키지 않고 사람이 할 수 있는 최선의 노력을 했던 것이다.

이 얼마나 훌륭한 일인가! 많이 살아 봤자 100년을 넘기지 못하는 인간의 생명을 이 선원들은 그렇게도 귀하게 여길 줄 알았다.

사람이 100년 안팎에서 몇 년을 더 살고 혹은 못사는 것은 그리 중요한 일은 아니다. 또 만일 죽으면 그 즉시 모든 것이 종식된다면 이것이야말로 매우 간단하고 시원한 일이다. 그래서 이 세상에 살 동안 "놀고 노세 젊어서 노세" 하고 실컷 마시고 타령이나 부르며 인생을 즐기다 가면 그만이다. 그런데 문제는 예수를 믿는 사람이나 믿지 않는 사람이나를 막론하고 모든 인생은 영원히 살게 되는 것이다. 단 어떠한 삶을 사느냐 하는 것에만 차이가 있는 것이다.

예수를 믿는 사람들은 구원함을 받은 후 하나님의 자녀로 거듭나서 그리스도와 함께 하늘나라에서 기쁘고 즐거운 찬송을 부르며 영원히 살 것이다. 그러나 이와는 정 반대로 예수를 믿지 않는 모든 세상 사람들은 심판을 받아 유황불 못에 던지움을 받고 무서운 고통을 당하면서 지옥에서 영영 무궁토록 살 수 밖에 없는 운명에 놓여 있는 것이다. 이것은 대단히 심각하고 무서운 사실일 뿐만 아니라 그렇지 않다고 부인할래야 부인할 수 없는 사실이다.

우리는 이 선원들이 한 사람 요나의 생명을 그렇게 아끼고 소중하게 생각하여 어떻게 해서든지 그를 희생시키지 않으려고 애를 쓰는 모습을 보고 각자 자신의 심적 상태를 반성해 볼 필요가 있다. 우리는 얼마나 한 사람의 영혼을 귀하게 생각했는가?

우리를 구원하신 하나님께서 우리를 세상에 보내시면서 예수를 믿으면 구원을 얻는 다는 것을 증거하라고 증인된 직분을 맡기셨는데 얼마나 성실스럽게 이 직무를 감당했는가? 구원받지 못한 사람을 만났을 때 얼마나 진지한 마음으로 그 한 사람 요나의 생명을 구하기 위해 죽을힘을 다해 노를 젓고 파도와 싸우고 있던 선원들의 모습을 상상해 보면서 우리는 한 사람의 죽어 가는 영혼을 얼마나 불쌍하게 생각했는지, 얼마나 책임 있게 주님께서 명하신 복음 전하는 일을 했는지 반성해 볼 필요가 있다.

Ⅲ. 참 하나님을 발견한 선원들

14절에 보면 갑자기 선원들의 신관이 변화된 것을 발견하게 된다. 1장 5절에는 분명히 사공들이 두려워하여 각각 자기의 신을 불렀다고 했다. 그들이 섬기던 신들이 어떤 신들이었는지는 알 수 없으나 이 선원들이 여호와를 전혀 알지 못했던 사람들인 것만은 분명하다. 그런데 갑자기 이들이 자기들이 섬기던 신들을 다 버리고 여호와 하나님을 향해 부르짖고 기도하기 시작했던 것이다.

"무리들이 여호와께 부르짖어 가로되 여호와여 구하오니 이 사람의 생명 까닭에 우리를 멸망시키지 마옵소서 무죄한 피를 우리에게 돌리지 마옵소서 주 여호와께서는 주의 뜻대로 행하심이니이다"(1:14) 라고 기도하는 모습을 발견하게 된다. 평생 동안 이방 잡신만 섬기던 사람들이 어떻게 갑자기 돌변하여 여호와 하나님을 부를 수 있었는가? 요나는 여호와 하나님은 우리 유대 민족만 위한 하나님이다 이방인에게는 절대로 하나님의 자비나 용서가 베풀어질 수 없다고 자기 나름대로의 고집을 부리고 기어이 하나님의 명령을 거역하고 도망치던 철저한 민족주의자였다. 이러한 요나가 이 배에 탄 이방인들에게 하나님을 믿으라고 전도했을 리가 없다. 그럼에도 불구하고 이들은 자기들이 평생 동안 섬기던 잡신을 버리고 불과 몇 분만에 여호와 하나님을 의지하고 하나님에게 간절한 기도를 드릴 수 있었다. 이러한 급속한 변화는 요나가 자기 목숨이 경각에 있음에도 주저하거나 속이려고 하지 않고 "나는 히브리 사람이요 바다와 육지를 지으신 하늘의 하나님 여호와를 경외하는 자로라" 하고 계속해서 자신이 여호와 하나님의 낯을 피해 도망하고 있는 사실까지 속임 없이 고백했다. 이렇게 목숨을 위해 비굴하게 굴지 않고 정정당당하고 책임 있는 행동을 하는 것을 보고 아! 과연 이 사람이 믿는 하나님은 절대적인 하나님, 신실하시어 참으로 예배 받으시기에 합당하신 하나님이시구나 하는 것을 깨달았기 때문에 일어났던 것이다. 요나의 정직하고도 정정당당한 태도가 수백 번의 설교보다 더 설득력이 있었음을 증명한다.

  선원들의 입장에서 볼 때 요나는 자기들에게는 직접적으로 잘못한 것이 전혀 없었다. 요나가 자기의 과오를 고백하지 않았더라면 보통 사람의 눈에는 요나가 평범하고 말썽이 없는 사람이었다. 선가를 깎아 달라고 떼를 쓰지도 않았고 흔히들 하는 것처럼 술에 취해 떠들고 이 사람 저 사람을 붙들고 시비를 걸고 싸움을 붙이는 추태도 부리지 않고 배 밑창에서 조용히 잠만 자던 사람이었다. 이렇게 별 볼일 없게 생기고 말도 없이 조용했던 사람이 겁에 질려 제발 한 번만 목숨을 살려 달라고 애원을 하거나 빌붙는 것이 아니라 오히려 자기가 믿는 여호와 하나님을 증거하는 것이 아닌가.

  "나를 들어 바다에 던지라 그리하면 바다가 너희를 위하여 잔잔하리라." 하고 죽을 것을 각오하고 모든 것을 책임지는 태도를 보고 이 요나가 믿는 여호와 하나님께서 얼마나 존엄하신 참 하나님이신가 하는 것을 단번에 알 수 있었던 것이다. 그래서 선원들은 "주 여호와께서는 주의 뜻대로 행하심이니이다." 라고 하나님의 섭리를 인간들이 감히 바꿀 수 없음을 시인하는 고차원적인 신앙고백을 할 수 있었던 것이다.

결 론

  구약 성경의 개념 중에 누누이 강조해 온 내용 가운데 하나는 사람이 범죄하면 반드시 하나님께서 그 행한 범죄에 대해 처벌하신다는 것이다. 만일 죄를 범한 그 장본인이 그 당대에 처벌을 받지 않았으면 그 자손 대에 가서라도 어떠한 모양으로든지 처벌을 받게 되는 것이다. 우리가 사는 짧은 인생의 행로 중에 경험하는 것도 죄를 짓고는 살지 못한다는 것이다. "완전범죄"란 없다고 말한다. 아무리 철저하게 은폐해서 범죄한 것을 감추려 하나 어느 때든지 어떠한 방법으로든지 드러나고야 마는 것이다.

지문 채취 방법은 말할 것도 없고 머리카락 하나만으로도 범인을 잡아내는 세상이 되었다. 사람의 눈도 속이지 못하는데 하물며 하나님의 눈을 속일 수 있으리라고 생각하는 사람처럼 어리석은 사람은 없다. 사람의 눈을 속일 수 없고 또 하나님도 속일 수 없는 것이 확실한 바에는 구태여 헛수고를 하면서 사람을 속이려고 고생하고 하나님을 거역하고 하나님을 속여 보려고 노력하다가 결국 하나님의 엄하신 징계를 받을 필요가 없다.

자신들의 힘으로 이 요나를 희생시키지 않고 어떻게 해서든지 구해 보려고 노력하던 선원들은 드디어 자기들의 노력이 헛되고 오히려 하나님의 공의는 반드시 실현되어야 하는 것을 깨달아 알았다. 그래서 요나를 물에 던지면서

"여호와여 구하고 구하오니 이 사람의 생명 까닭에 우리를 멸망시키지 마옵소서 무죄한 피를 우리에게 돌리지 마옵소서 주 여호와께서는 주의 뜻대로 행하심이니이다"

라고 기도했다.

하나님에게 뜻을 거역하고 내 재간 내 계획으로 모든 일을 처리해 나갈 때 그 성공률은 0% 이다. 하나님을 속이고 우리의 의식 절차, 우리가 설정한 교리, 우리만이 정통이라는 교만한 교회가 하나님 보시기에 합당한 교회로 인정받는 확률은 0%도 없다. 아무리 과학 문명이 발달했고 안정된 경제 체제를 자랑하며 고도로 발달한 의학으로 사람들의 수명을 연장시키는 재주를 배웠다 해도 하나님이 계시지 않은 그 사회가 올바로 설 수 있는 확률은 0%도 없다.

피조물인 우리가 하나님 없이는 살 수 없고 더군다나 그의 뜻을 거스르면서도 살 수는 없다. 우리가 재주를 부려 전지전능하신 하나님을 속일 수도 없고 우리의 어떤 감언이설로도 하나님의 뜻을 변화시킬 수 없는 것이다. 이렇게 명확한 사실 앞에서 오늘의 기독교인들이 취해야 할 태도는 적어도 요나가 했던 것처럼 자신이 하는 일에 대해서 책임을 질줄 아는 정정당당한 태도이다. 그럴 뿐만 아니라 정확하게 자신의 신앙고백을 함으로 다른 사람들에게 우리의 입으로 또 우리의 행동으로 그리스도를 증거하는 직분을 감당할 수 있어야 하겠다.

4. 고기 뱃속에서 드린 요나의 기도

본문 : 요나서 1:17 - 2:9

서 론

요나서를 취급하는 학자들은 요나서가 이스라엘의 역사에 관한 비유라고 설명한다. 그래서 요나는 이스라엘을 상징하고 바다와 큰 고기는 바벨론을 상징하는데 요나가 고기 뱃속에 들어갔던 것을 유다가 바벨론 포로로 잡혀갔던 사실과 결부시켜 설명하고 있다. 특별히 요나서 1:17-2:9의 기도문의 내용을 바벨론 포로로 잡혀갔던 사건과 포로에서 놓임 받아 귀환했던 역사적인 사건과를 결부시켜 설명하고 있는데 요나가 고기 뱃속에서 드렸던 기도문의 내용을 다음과 같이 설명하고 있다. 유다는 바벨론 포로에서 돌아오기는 했으나 실제적으로는 아직도 바벨론의 식민지 상태에 있는 형편에서 이들이 노골적으로 포로 석방을 감사하는 기도를 할 수는 없었다. 그래서 요나서에 기도문을 인용 포로 귀환을 감사하는 기도를 드린 것이라고 해석하고 있다.

이들의 이론은 이스라엘이 온 세계에 하나님의 뜻을 전파해야 할 사명을 받은 민족이었으나 (출애굽기 19:5-6) 그들의 사명을 다 감당하기는 고사하고 오히려 여호와 하나님을 자기들의 민족 신으로 만들고 자기들만 하나님의 선택함을 받은 선민이라고 고집하고 이방인을 개나 돼지 취급을 했던 것이다. 이러한 이유로 이스라엘 민족은 하나님의 심판을 받아 이방인인 바벨론에 점령을 당했다고 설명한다. 요나가 고기 뱃속에서 드린 기도를 유다가 바벨론 포로 기간 중 회개하고 하나님께로 돌아왔던 사실로 해석하면서 이런 이론으로 요나서에 주전 3세기경에 첨부되었다고 주장하는 것이다. 그러나 정통 보수 신학자들은 이 요나서 2:1-9절까지 기록된 요나의 기도를 원래 요나의 기도라고 인정한다.

Ⅰ. 기도는 어떻게 해야 하는가?

한국은 오랜 역사를 통해 불교문화의 지배를 받아 왔기 때문에 그 영향을 떨쳐 버리지 못한 것이 사실이다. 불교인들이 절에 가서 목욕 재개를 하고 새벽 미명에 불공을 드리는 방법을 그대로 받아들여 한국 기독교회에서도 새벽기도를 하는 제도가 생겼고 새벽기도를 해야만 진짜 기독교인 혹은 일등 신자로 취급하는 습성이 한국 기독교 안에 박혀 버렸는데 이것은 세계 어느 곳에도 없는 한국 기독교만의 특이한 모습이다.

그러나 성서적인 입장에서 볼 때 하나님께 드리는 기도는 반드시 교회가 아니면 기도원에 가서 또 어떠한 시간을 정해 놓고 드리는 것이 중요한 것이 아니라 기도하는 사람의 마음의 자세가 더 중요한 것이다.

요나가 물고기 뱃속에서 거의 질식사하게 된 상태에서도 하나님께 기도할 수 있었다는 것은 대단히 놀라운 사실이다. 우선 그 더럽고 냄새나는 위액을 뒤집어 쓴 상태에서 큰 고기의 음식으로 소화돼 가는 과정에서 기도를 하고 있었던 것이다.

하나님의 말씀을 전하라고 명령을 받았을 때 하나님을 거역하고 하나님의 눈을 피해 다시스로 도망가다가 배 밑창에서 선원들에 의해 끌려 나왔다. 선창에 끌려나온 요나는 자신이 하나님의 명령에 불순종하고 도망치던 사람인 것을 고백했다. 또 그는 선지자로서 직무 이탈을 한 죄를 자백하면서 자신을 물에 던지라고 당당하게 선원들에게 말했다. 그럴 뿐만 아니라 요나는 비겁하게 하나님에게 매달려서 "하나님 한번만 살려주십시요 그러면 나머지 여생을 하나님 위해서 살겠습니다" 라고 갖은 간사한 말로 맹서 하면서 기도하지 않았다. 자기를 물에 던져 넣으라 말하던 요나가 고기 뱃속에 들어갔을 때는 이미 하나님과의 관계가 올바로 서 있었고 마음의 준비가 되어 있어 흠 잡을 수 없는 기도를 할 수 있는 상태에 있었던 것이다. 고기 뱃속의 소화액이 요나의 피부를 상하기 시작하고 그의 머리카락을 녹이기 시작했을지라도 요나는 오히려 하나님과 진지한 대화를 할 준비가 되어 있었던 것이다.

4. 고기 뱃속에서 드린 요나의 기도 143

　예수님께서는 우리에게 기도하는 방법을 가르쳐 주셨다. 우리가 기도할 때는 반드시 선결 조건이 있고 이 조건이 만족되야한다는 사실을 말씀하셨다. 요한복음 15장 7절에 "너희가 내 안에 거하고 내 말이 너희 안에 거하면 무엇이든지 원하는 대로 구하라 그리하면 이루리라." 고 하셨는데 이 말씀은 들을 때는 쉬운 것 같으나 실제로 실행하기는 매우 힘든 말씀이다.

　어떻게 피조물인 우리가 창조주이시며 우주의 모든 질서를 유지하고 계신 그리스도 안에 들어갈 수 있는가? 아담의 자손으로 태어난 죄인들이 어떻게 그리스도 안에 들어가 거한다는 말인가 하는 의아심을 품을 수밖에 없다. 그러나 우리가 우리 죄를 자복하고 그리스도를 우리의 구주로 영접하는 순간 성령께서 우리를 그리스도 안에 침례하시어 그리스도를 머리로 하는 한 지체를 만드시는 것이다. 이런 상태에 있을 때 내 모습은 완전히 그리스도와 동화돼 버려 그리스도와 한 몸이 되고 그리스도 안에 들어가 있는 상태가 되는 것이다. 시뻘겋게 달은 숯불 속에 까만 숯 한 덩어리를 집어넣으면 잠시 있다가 그 까맣던 숯이 불이 붙어 시뻘겋게 달아올라 나중에는 어디까지가 숯이고 어디까지가 불인지를 구별하지 못하게 된다. 마찬가지로 중생한 기독교인들도 구원함을 받고 하나님의 자녀가 된 후에는 새까만 상태 즉 자연인의 상태로 남아 있으면 안되고 계속해서 그리스도를 닮아 가는 신령한 신앙생활을 해서 그리스도와 동화된 상태가 되야 한다.

　기도의 조건으로 우리가 그리스도 안에 거하는 것 이외

에 또 다른 조건이 첨부됐는데 그것은 "내 말이 너희 안에 거하면" 이라는 조건이다. 즉 그리스도의 말씀이 우리 속에 거해야 된다고 하셨는데 이 그리스도의 말씀은 마치 컴퓨터에 문서를 작성해서 입력시켜 넣은 후 지워지지 않게 저장해 두는 것처럼 우리의 두뇌에 저장만 잘해 놓으면 되는 것이 아니다. 하나님의 말씀은 영양소가 가득해서 우리를 장성하게 하고 살찌게 하는 순전하고 신령한 젖이라고 (베드로전서2:2) 했을 뿐만 아니라 히브리서 4장 12절에 의하면 "하나님의 말씀은 살았고 운동력이 있어 좌우에 날선 어떤 검보다도 예리하여 혼과 영과 및 관절과 골수를 찔러 쪼개기까지 하며 또 마음의 생각과 뜻을 감찰하나니." 라고 함으로 하나님의 말씀은 우리를 자라게 하는 양식이 되고 또 살아 있는 말씀이기 때문에 우리를 영적으로 나태하게 내버려두지 않고 항상 운동하게 하신다. "마음의 생각과 뜻을 감찰하신다"는 문구의 뜻은 우리가 마음속에 품고 있는 생각(사상)이나 의도(ἐννοιῶν)를 판단(πριτιπὸς) 하신다는 뜻이다. 다시 말하면 우리의 생각이 잘됐거나 잘못된 것을 판단하여 내고 무엇인가를 하려는 계획을 세운 것에 대해 옳고 그름을 분간해 낸다는 뜻이다. 따라서 기독교인은 신앙과 행위는 물론 의식과 의도 전체를 하나님의 말씀에 의해 판단을 받은 후에 말씀에 일치되는 생활을 할 것을 말하고 있다. 이같은 조건이 선행됐을 때 "무엇이든지 원하는 대로 구하라 그리하면 이루리라." 고 했다. 이렇게 영적으로 장성한 상태에서 무엇이든지 원하는 대로 구하라고 하신 대단히 의미심장한 말씀이다.

따라서 우리가 기도할 때 먼저 주님의 뜻이 무엇인가? 과연 내가 그의 뜻에 합당한 기도를 하고 있는가? 하는 것을 깊이 생각해 보고 그와 의논하는 태도로 기도해야 할 것이다.

처음에 요나는 하나님의 명령을 어기고 도망치려 했던 것이 사실이다. 그러나 제비를 뽑아 심지가 자기에게 떨어졌을 때 하나님에게 잡힌 것을 깨닫고 반항하거나 변명하지 않고 즉시 회개했다. 그리고 나서 자기의 뜻을 하나님의 뜻에 일치시키기로 작정하고 죽을 준비를 했던 것이다. 이러한 마음의 준비가 갖추어진 상태였기 때문에 요나는 질식할 것 같은 고기 뱃속에서 오히려 감사하고 하나님을 찬양하는 기도를 쉽게 할 수 있었던 것이다.

Ⅱ. 기도의 응답

하나님께서는 우리의 기도를 어느 때든지 다 듣고 계시다. 우리가 올바른 기도를 할 때 그 기도를 들으시며 옳지 못한 기도를 해도 그 기도를 다 듣고 계시다. 홀로 골방 속에 들어가 조용히 하는 기도나 큰 소리로 울부짖는 기도나 쉬지 않고 드리는 감사의 기도나 슬픈 마음으로 간절히 드리는 기도나 원망에 찬 기도를 막론하고 다 듣고 계시다. 그러나 기도의 응답에는 분명히 차이가 있는 것을 알아야 한다. 이미 말한 대로 우리가 예수님께서 가르쳐 주신 그 방법대로 기도를 했으면 하나도 빼 놓지 않으시고 다 응답해 주시겠다고 분명히 약속하셨다. 그러나 만일 내가 요구하는 기도의 내용이 하나님의 뜻과 다른 것이고 내가 하는 기도가 하나님의 말씀과 상반된 잘못된 기도일 뿐만 아니라 하나님의 뜻에 합당치 못한 생활을 하면서 내 욕심만을 위한 기도를 한다면 그 모든 기도를 하나님께서 다 듣기는 하시겠지만 결코 그 기도를 응답해 주시지는 않으실 것이다. 그렇기 때문에 예수님께서 "너희는 기도할 때 중언부언 하지 말고 꼭 필요한 것만 구하라"고 말씀하셨다.

동방 사람 중에 가장 큰 자라고 불렸던 욥이 당면했던 가장 큰 고난은 그 많던 재산을 하루아침에 다 잃고 열 자녀를 한날 한시에 잃었을 뿐만 아니라 몹쓸 피부병에 걸려 잿더미에 앉아 기왓장으로 그 몸을 긁고 있어야 하는 상황이 아니었다. 학자들의 이론에 의하면 욥은 이 무서운 피부병을 자그마치 7년 동안 앓았는데 나중에는 구더기가 살을 파먹는 고통을 당했었다고 한다. 그러나 욥이 실제로 가장 두려워하고 괴로워했던 것은 육신의 괴로움이 아니라 하나님과의 관계가 끊어진 것에 대한 공포심이었던 것이다. 머리 정수리에서 발뒤꿈치까지 악창이 나서 살을 파먹는 것과 같은 고통스런 피부병을 앓고 있으면서도 그는 하나님과 교통하기를 원해 간절히 기도했으나 하나님께서 그의 기도에 응답하시지 않으시는 사실 때문에 낙망하고 한탄을 했던 것이다.

그래서 나중에는 하나님께서 마치 하늘에 구리 문을 해 단 것처럼 내 기도가 하나님께 상달되지 않는다는 불평을 했다. 물론 하나님께서는 사탄과의 변론 때문에 잠시 연기

조치를 취하시고 계신 사실을 알 수 없는 욥이 "왜 나와의 교통을 끊으시고 내 기도를 들어주시지 않으십니까"라고 불평 불만을 털어놓을 때 하나님께서 직접 욥에게 나타나셔서 욥을 책망하시는 사실이 욥기 38장 이하에 나타난다. 하나님의 책망을 받은 욥이 진지하게 회개함으로 욥의 수난이 끝이난 사실을 욥기 42장에서 발견할 수 있다.

고린도후서 12장에 보면 사도바울이 삼층천에 올라가 영화로운 천국의 모습을 보고 온 사실이 기록돼 있다. 그러나 곧 이어 그가 그 몸의 가시를 제거해 주십사고 세번씩이나 기도했으나 "내 은혜가 네게 족하도다" 라고 말씀하심으로 하나님께서 그의 요청을 들어주시지 않은 사실을 고백하고 있다. 하나님께서 사도바울의 기도를 들으신 것은 분명하다. 그러나 그의 요구 조건이 응답된 것은 물론 아니다. 그러나 사도바울은 자기가 원하는 대로 이루어 주시지 않음을 오히려 크게 기뻐하고 또 자기를 자고하지 않게 하심에 대해 감사할 수 있었던 것이다. 우리의 기도는 그 선결 조건만 충족되면 어떠한 내용이라도 하나님께서 응답해 주신다. 이 말은 우리가 기도해서 얼마든지 하나님의 능력을 내 것으로 만들 수 있다는 결론이 나오는데 이런 까닭에 기도의 위력은 무서운 것이며 또한 기도는 중생한 기독자들에게 주어진 가장 큰 무기이기도 하다.

Ⅲ. 요나가 드린 기도의 내용

요나가 고기 뱃속에서 드린 기도는 기도라기보다는 오히

려 감사의 노래라고 보는 것이 합당하다. 2장 2절은 기도의 주제라고 볼 수 있는데 한마디로 하나님께서 요나의 기도를 들어주심을 감사하는 기도이다. 3절과 4절에서는 요나가 고기 뱃속에서 받은 고통을 상기하고 있다. 큰물이 자기를 둘러싸고 또 파도와 큰 물결이 자기 위에 넘치는 압박감에 사로잡힌 상태 즉 바다 밑바닥까지 가라앉았던 것을 말하고 있다. 요나가 바다 밑에 가라앉은 뒤에 큰 고기가 요나를 삼켰는지 아니면 고기가 요나를 삼킨 뒤에 충족감으로 소화를 시키기 위해 바다 밑으로 내려갔었는지는 알 수 없으나 하여튼 요나는 바다 밑까지 내려갈 대로 내려갔던 것이 분명하다. 그래서 "물이 나를 둘렀으되 영혼까지 하였사오며 깊음이 나를 에웠고 바다 풀이 내 머리를 쌌나이다. 내가 산의 뿌리까지 내려갔사오며 땅이 그 빗장으로 나를 오래도록 막았사오나…"라고 한 것을 볼 수 있다. 또 나올 수 없게 빗장이 잠긴 스올에 갇혀 있었다고 말한 것을 보면 요나는 질식사했던 것이 분명하다. 그래서 죽은 영혼들이 들어가 다시 나올 수 없는 스올에까지 내려갔었으나 하나님의 능력으로 죽음 구덩이에서 건져내셨음을 고백하고 있다. 이것은 분명히 요나가 죽었던 상태에서 **부활했음**을 의미한다.

7절에 보면 자기의 영혼이 피곤할 때 여호와를 생각했다고 했는데 아마도 요나는 하나님의 명령을 거역하고 도망한 것에 대해 심한 후회를 함과 동시에 완전히 절망한 상태에서 몸부림치는 심정으로 여호와를 생각하고 간절히 기도했던 것 같다. 7절 하반절에 요나가 "내 기도가 주께 이르렀사오며 주의 성전에 미쳤나이다"라고 고백한 것을 보면 이렇게 간절하게 드린 요나의 기도가 하나님 앞에 상달됐던 것이 분명하다.

  요나서의 기도론은 분명히 실존성을 많이 과시하고 있다. 그래서 존엄하신 하나님이시면서도 사람들과의 관계를 귀하게 생각하시고 또 그들을 인격적으로 대우하시는 까닭에 사람들이 진정한 마음으로 기도할 때에 허용적인 한계 내에서 사람들의 기도가 그의 관여하시는 역사에도 직접적인 영향을 미칠 수 있음을 보여주고 있다.

  2장 8절과 9절에는 요나가 서약하는 기도를 하고 있다. 우선 그는 감사하는 기도를 하고 있는데 "감사하는 목소리"로 제사를 드린다고 했다. 수난과 역경 속에서 하나님께 감사하는 찬송을 부르면 그것이 바로 하나님께 드리는 제사라고 말 할 수 있는 것이다. 따라서 우리가 매일 매일 기도하고 찬송하는 생활을 하는 것은 바로 하나님께 드리는 예배요 제사인 것이다. "이러므로 우리가 예수로 말미암아 항상 찬미의 제사를 하나님께 드리자 이는 그 이름을 증거하는 입술의 열매니라"라고 히브리서 13장 15절에 우리의 찬미가 바로 하나님께 드리는 제사임을 분명히 말해 주고 있다.

  마지막으로 9절에 나의 서원을 주께 갚겠나이다라고 했는데 무슨 서원을 했는지는 기록이 없으나 아마도 3장 3절에 고기 뱃속에서 나온 요나가 여호와의 말씀대로 일어나서 니느웨로 갔던 사실에 비추어 그는 하나님의 말씀에 복종할 것을 서원했던 듯 하다. 요나의 기도의 내용에 의하면 요나는 큰 물고기에게 삼킨 바 되었을 때 이미 하나님의 손길이 임한 것을 느꼈고 자기가 다시 살아나서 예루살렘에 돌아갈 수 있을 것을 확신했던 것 같다. 그래서 2장 2절의 기도 첫머리에 자기 기도를 응답해 주시는 것을 감사하다고 했다. 뿐만 아니라 구원은 여호와께로서 말미암나이다 하고 자기의 부활에 대해 감사하는 노래와 서원을 할 수 있었던 것이다.

결 론

물고기 뱃속에서 소화되어 가는 과정에서라도 요나는 침착한 태도로 참된 기도를 하나님께 드릴 수 있었다. 보통 사람들이 으레 하는 기도처럼 "이번 한 번만 살려주시면 내가 하나님을 위해서 남은 여생을 바치겠습니다." "일생을 복음 전하는 일에만 종사하겠습니다" 하고 하나님 앞에 매달리는 기도를 하지 않았다. 고기 뱃속에서 소화되어 고기의 영양가로 변해 버려 다시는 예루살렘 성전에 돌아갈 희망이 전혀 없는 상태에서 오히려 "내가 주의 목전에 쫓겨났을지라도 다시 주의 성전을 바라보겠다" 라는 기도를 했는데 이렇게 한 차원 뛰어넘은 요나의 신앙 고백은 하나님 보시기에 매우 만족한 것이었다. 물론 유대인들은 하나님은 예루살렘 성전에만 계신 것으로 생각하는 경향이 있었는데 "내가 다시 주의 성전을 바라보겠다" 라고 고백한 것은 자기가 다시 살아나 예루살렘에 갈 것을 확신하는 부활의 신앙을 가졌던 것을 증거한다.

4. 고기 뱃속에서 드린 요나의 기도

  배 밑창에서 끌려나왔던 요나는 배를 삼켜 버릴 것 같은 폭풍우가 무서운 것이 아니었다. 또 폭풍을 만나 고생하는 선원들의 힐책이 무서워 선원들에게 어떻게 변명해서 이 곤경을 면할까 궁리하지 않았다. 사람들과의 문제나 자신이 죽고 사는 것이 문제가 아니라 자신과 하나님과의 사이에 일어난 문제인 사실을 순간적으로 알아채고 즉시 하나님 앞에 회개했을 뿐만 아니라 지은 죄에 대한 벌을 받아 마땅하다고 당당하게 책임 있는 행동을 취했던 것이다. 이렇게 요나는 바다에 던지움을 받기 전에 이미 그 자신이 하나님과의 관계를 정리하고 그 앞에 회개함으로 물고기가 그를 삼키었을 때는 이미 기도할 수 있는 준비가 갖추어졌었고 고기 뱃속에서 오히려 자신 있게 부활이 신앙고백을 할 수 있었다.

  우리가 어려움을 당할 때 물론 하나님 앞에 기도를 해야 한다. 우리를 아끼고 사랑하시는 하나님께서는 우리가 드리는 모든 기도를 분명히 다 듣고 계신다. 그러나 우리가 기도의 응답을 받고 못 받는 것은 우리가 어떠한 기도를 했는가 하는데 달려 있다. 우리는 기도하기 전에 과연 내가 하나님과 올바른 관계에 서 있는가 하는 문제를 먼저 깊이 생각해 볼 필요가 있다.

5. 요나의 신관

본문 : 요나서 2:10-3:10

서 론

　헬라 신화에 의하면 한 때 사람들에게는 불이 없었던 때가 있었다고 한다.
　그래서 해가 지고 밤이 되면 갑자기 추워져서 사람들이 웅크리고 모여 앉아 벌벌 떨고 있었는데 신들 중에 하나인 프로메티우스가 이렇게 추워서 떨고 있는 사람들을 불쌍히 여겨서 신들만이 소유할 수 있게 되어 있던 불을 몰래 훔쳐다가 사람들에게 나눠주어 밤에 모닥불을 피워 놓고 추위를 면할 수 있게 해주었다고 한다. 푸로메티우스가 사람들에게 불을 훔쳐다 준 사실을 발견한 신들은 대단히 노해서 프로메티우스를 코카사스에 있는 큰 바위 위에 쇠사슬로 묶어 놓고 커다란 독수리를 보내서 그의 심장을 뜯어 먹게 했는데 푸로메타우스가 죽음으로 그의 고통이 끝이 나는 것을 방지하기 위해 밤에는 심장이 도로 아물게 해서 다음날 또 독수리가 물어뜯어 그의 고통이 영원토록 계속되게 하는 형벌을 가했다. 이렇게 신들의 것이라도 훔쳐서 사람들에게 가져다 준 푸로메타우스의 행위를 찬양하는 사람들이 그의 이름을 따서 푸로메타우스회(Promethean Society) 라는 사회단체를 만드는가 하면 공산주의자들은 그들대로 자기네의 사회주의 이론의 일부로 채택하여 이용하고 있다.

헬라사람들은 다신 주의자들이었을 뿐만 아니라 이들의 신들은 결혼도하고 자식도 낳고 할뿐만 아니라 서로 질투하고 싸우고 전쟁을 하는 등 사람들과 별로 다른 것이 없는 그러나 사람보다는 조금 나은 신적인 존재로 표현되고 있다. 이들은 유일하신 하나님을 알지 못했고 또 천지 만물을 창조하시고 이 우주를 지배하고 계신 존엄하신 하나님에 대해서도 모르고 있었다. 그래서 신들의 것이라도 훔쳐다가 사람들에게 줄 수 있다는 생각이 나올 수 있었던 것이다.

그러면 현대 기독교인들은 하나님을 어떻게 이해하고 있고 또 그들이 하나님을 대하는 태도는 어떠한가? 요즈음 우리나라 기독교인들이 하는 기도 소리나 설교하는 것을 들어보면 신관이 아주 잘못돼 있는 것을 발견하게 된다. 하나님을 마치 자기들의 머슴이나 하인배를 부리는 것처럼 명령을 하고 있다. 물질의 축복을 주시오, 병을 고쳐 주시오, 방언하는 은사를 주시오 하드니 요즈음은 심지어 내 아들 일류 대학에 입학시켜 주시오라고 기도할 뿐만 아니라 어떤 교파에서는 전 교단이 한꺼번에 대학 입시를 위한 공동 기도회를 소집하고 있는 실정이 되었다. 이렇게 되니 하나님께서는 참으로 곤란한 입장이 되셨다. 아무리 공부를 못했어도 열심히 기도하는 사람의 자녀들만 입학시키고 공부를 아무리 잘 해도 기도하지 않는 사람의 자녀들은 다 대학에 입학하지 못하게 만들어야 하시는 것이다.

현대의 기독교인들은 하나님에 대해 너무도 무식하다. 그래서 하나님에게 명령만 하면 꼼짝 못하고 잘 들어주시는 마음 좋은 할아버지와 같은 하나님을 만드는 큰 죄를 지으면서도 태연하기 짝이 없다.

오늘 요나서에서 니느웨성 사람들이 이해하고 있었던 하나님을 통해 우리가 믿는 하나님의 참된 모습을 연구해 볼 필요가 있다.

I. 지존하신 하나님

하나님은 지존하신 분이시다. 인간의 생사 화복을 주장하실 뿐만 아니라 인간들의 역사를 주장하시고 계시며 우주에 존재하는 모든 자연 만물을 다 주장하고 계시는 분이시다. 지존하신 하나님께서는 영계의 존재들을 다 사용하셔서 그의 원하시는 일을 하실 뿐만 아니라 사람들을 그의 사역에 동참하게 하시고 자연 만물을 다 이용하시는 하나님이시다. 요나서에서 보는 대로 필요하시니까 물고기라도 사용해서 그의 목적을 달성하셨던 것이다.

지존하신 하나님은 또한 신실하셔서 그가 섭리로서 결정

하신 사실은 어떠한 방법으로라도 실현하신다. 피조물인 사람의 노력으로 하나님의 섭리를 바꿀 수 없고 우리의 편의대로 그의 뜻을 바꿀 수 없으며 우리의 필요에 의해 또는 우리의 욕망에 의해 하나님의 계획을 변경할 수 없는 것이다. 요나가 니느웨성으로 가기 싫어 도망친다고 해서 하나님께서 하시고자 계획하신 일을 포기하시지 않으셨다. 회개하고 돌아오는 요나를 죽었던 상태에서 다시 살려서라도 그의 말씀을 기어이 전하게 하신 것을 볼 수 있다.

요나서 2장 10절에 보면 "여호와께서 그 물고기에게 명하시매 요나를 육지에 토하니라." 고 기록되어 있다. 고기나 짐승이 삼켰던 음식을 토해 내는 법은 없다. 새들이 먹을 것을 입에 물어다가 새끼들에게 먹이거나 늑대가 새끼를 먹이려고 짐승을 사냥해서 삼켰다가 한 두시간 후에 자기 굴로 돌아와 토해 내서 새끼들을 먹이는 경우는 있다. 그러나 짐승이 사흘이나 지난 후에 먹은 것을 토해 내는 예는 없다. 그러나 하나님께서는 요나를 물고기 뱃속에서 사흘만에 구출해 내셨다. 많은 학자들은 이 사실은 그리스도의 부활에 대한 예표였다고 한다.

하나님께서 어떻게 요나를 사흘 동안이나 고기 뱃속에서 보호하실 수 있었는가?

요나를 해초로 싸서 위액이 요나를 삭히지 못하게 했다고 말하는 사람들이 있고 또 어떤 학자들은 요나가 니느웨성 동편에 앉아 있었을 때 하나님께서 그의 머리를 가리기 위해 준비해 주신 박넝쿨을 그렇게 기뻐하고 요긴하게 생각했던 것으로 보아 아마도 고기 뱃속에 있을 때 요나의 머리가 다 벗겨졌었을 것이라고 주장하는 사람도 있다.

그러나 본문 말씀에 의하면 요나가 고기 뱃속에서 나온 즉시 여호와의 말씀이 두 번째 요나에게 임하여 요나가 바로 니느웨성으로 갔던 것으로 되어 있다. (요나서 3:1-3b) 고기가 요나를 토해 낸 뒤에 엠브란스로 병원에 실려 가 응급치료를 받거나 쇼크 요법을 받지도 않았다. 고기가 토해 냈을 때 요나는 멀쩡해서 자기 발로 걸어서 니느웨성으로 갈 수 있었던 것을 보면 하나님께서 요나를 상처하나 나지 않게 완전히 건강한 상태로 보호하셨던 것을 증명한다. 고기가 삼킨 사람을 소화시키지 않고 있다가 사흘 만에 온전한 상태로 토해 냈다는 사실만도 인간적인 생각으로는 불가능한데 이 거대한 (사람을 삼킬 수 있을 정도로 큰 고기는 으레 깊은 바다에서만 살 수 있고 이 고기는 지중해에 서식하는 것으로 약 25휘트나 되어 말이나 사람을 통째로 삼킨 예가 있는 흰 상어라고도 하고 혹은 고래라고도 하나 히브리어 원문 성경을 통해서는 이것이 흰 상어였는지 아니면 고래였는지 전혀 알 수 없다) 고기가 바다 한 가운데도 아닌 해변가에 나와서 요나를 토해 놓은 것 또한 지존하신 하나님의 명령을 순복한 것이라는 증명이 된다. 이 육지가 어디였는지는 성경에 언급돼 있지 않으나 아마도 팔레스틴의 어느 해변이었던 것 같다.

II. 자비로우신 하나님

자연 만물을 지배하시며 모든 인간들의 생사를 주관하시

는 지존하신 하나님은 지극히 자비로우신 분이시기도 하다. 그래서 범죄 함으로 멸망시키기로 작정했던 니느웨성 사람들이 회개하고 돌아오는 것을 보시고 그의 뜻을 돌이켜서 그들을 용서해 주셨다. 반항하고 도망쳤던 요나가 회개하고 간절한 마음으로 기도하는 소리를 들으시고 그를 고기 뱃속에서 구원하시기로 결정하셔서 고기의 소화 기능을 정지시켜 먹은 것을 소화 흡수하지 못하도록 보호하셨을 뿐만 아니라 고기를 명하여 육지까지 나와서 요나를 토해 내게 하셨다.

　우리의 지나간 생활을 돌아볼 때 우리도 요나와 같이 하나님의 명령을 불순종하고 도망치려고 한 때가 얼마든지 있다. 또는 우리가 하나님과 서원한 일이 있는데 우리의 욕심으로 이것을 지키지 못한 일이 있을 수도 있다. 고도로 발달된 물질문명의 파도 속에 휩쓸리면서 살고 있기 때문에 자칫 잘못하면 순수한 신앙에서 벗어나 쾌락주의로 빠질 수가 있다. 구태여 어렵게 신앙 생활하려고 노력할 필요가 있나? 쓸데없이 교회에 나가서 시간을 소비하면서 봉사할 필요가 있나? 집에서 나혼자 조용히 성경 보며 기도하면 됐지… 하면서 자기도 모르게 줄줄 뒤로 미끄러져 떨어져 가고 있는 생활을 하다가 요나처럼 고기 뱃속에는 들어가지 않았을지라도 하나님의 정죄함을 받아 고통을 당할 때가 있었음을 발견할 수 있다. 우리가 비록 약해서 넘어지고 범죄하고 하나님의 뜻을 어기고 도망치고 있더라도 요나처럼 우리의 실수를 인정하고 다시 일어나 신실한 마음으로 간절하게 기도할 때 자비로우신 하나님께서는 우리의 기도를 들으시고 우리를 붙들어주시고 다시 우리를 사용하시어 그의 사역에 동참하게 하신다. 요나는 하나님의 뜻을 어긴 자 였으나 그가 회개할 때 자비로우신 하나님께서 그를 다시 불러서 첫 번째와 똑같은 사명을 맡기셨던 것이다.

Ⅲ. 요나의 설교와 니느웨성의 회개

"일어나 저 큰 성읍 니느웨로 가서 내가 네게 명한 바를 그들에게 선포하라"

하나님께서는 부활한 요나를 책망하거나 재교육을 시키지 않으시고 바로 니느웨로 가서 하나님의 말씀을 외치라고 두 번째 명령을 내리셨다. 어떤 학자들은 요나가 고기 뱃속에서 나온 후에 예루살렘에 가서 자기가 서원했던 대로 희생 제사를 먼저 드렸을 것이라고 한다. 그러나 본문에는 그런 사실을 발견할 수 없고 아마도 고기 뱃속에서 나오는 즉시 하나님께서 니느웨로 가라고 명하신 것 같다.

선지자들의 사명은 자신의 경험이나 생각 또는 자기의 철학을 사람들에게 전하는 자들이 아니다. 선지자들의 사명은 순수하게 하나님께서 주시는 말씀만 전하면 그것으로 그의 임무가 완수되는 것이다. 이것은 설교를 하는 사람들에게도 똑같이 적용되는 말이다. 설교는 하나님의 말씀을 사람들이 알아듣게 전하는 것이 원칙이다. 자기의 지식이나 철학이나 사상을 전하는 것은 설교가 아니다. 만일 어떤 사람이 강단에 서서 세상 정치나 세상 학문이나 아니면 만담으로 사람들을 웃기고 울리면 이것은 하나님의 시간을 도적질하고 하나님의 자녀들을 우롱하는 범죄 행위이다.

두 번째 요나를 보내시면서 선포하라 명하신 내용은 1장 2절과 똑 같은 내용이다. "선포하라"(קְרָא)(히브리어) 라는 히브리어 단어는 1장 2절의 명령과 같은 단어이다. 두 번째 명령을 받은 요나가 이번에는 불평 없이 니느웨성으로 떠났다. 니느웨성은 극히 큰 성읍이라 사흘 길을 걸어야 되는 성이라고 했는데 요나가 하룻길을 걸어가면서 40일이 지나면 니느웨성이 망하겠다고 외쳤다. 요즈음은 서울 거리를 걷노라면 인파에 밀리는 것 같이 사람들의 왕래가 많다. 그러나 이 당시는 지금처럼 대도시는 없었고 또 지금처럼 사람들이 밀집해서 살지도 않던 때였다. 요나에게 확성기가 있어서 온 동네가 다 들리도록 외칠 수 있었던 것도 아니고 라디오나 텔레비전이 있어서 니느웨성 전체에 방송할 형편도 되지 못하던 때였다. 물론 교통 수단도 지금처럼 자가용이나 버스가 있는 것이 아니었다. 요나는 하루종일 걸어가면서 하나님의 말씀을 선포했다. 그러니 요나가 하룻길을 가면서 외쳤을 때 얼마나 많은 사람들이 요나의 외치는 소리를 들을 수 있었겠는가 하는 것이 문제가 된다. 아무리 많아도 만명 혹은 2만명 정도에 지나지 않았겠는데 본문에 보면 니느웨성 백성이 전부 하나님의 말씀을 믿고 금식하고 회개했다고 했다.

"니느웨 백성이 하나님을 믿고 금식을 선포하고 무론대소 하고 굵은 베를 입은지라"

(요나 3:5) 요나서 4장 11절에는 좌우를 분변치 못하는

자가 십 이만 여명이라고 했는데 그렇다면 니느웨성에는 적어도 60여만 명이나 되는 주민들이 살고 있었다고 보는 것이 옳다. 그런데 어떻게 이 수 많은 사람들이 하루만에 요나의 외치는 소리를 들을 수 있었는가 하는 것이 의문이다. 선지자 요나의 외치는 말씀을 들은 사람들이 자기만 회개했던 것이 아니라 가족과 멀리 있는 친척이나 친구들에게 이 하나님의 말씀을 급하게 전하였던 것이 분명하다. 그래서 성 사람들이 전부 다 함께 회개했고 물론 이 굉장한 사건은 왕에게까지 알려졌다. 소문을 들은 통치자 자신이 굵은 베옷을 입은 것은 물론 백성들에게 조서를 내려 모든 백성들은 금식하라고 했으며 사람만 아니라 짐승들까지도 금식을 시키고 짐승들에게도 베옷을 입히라고 조서를 내릴 정도로 철저한 회개를 했다. 니느웨성 사람들은 이렇게 하나님을 존엄하시고 신실하신 분으로 알고 그의 말씀은 절대적인 것으로 이해하여 사람으로서 할 수 있는 최선의 노력을 해서 철저한 회개를 했다. 또 왕은 베옷을 입고 재를 무릎쓰고 금식하며 여호와께 부르짖을 뿐만 아니라 각기 악한 길과 손으로 행한 강포에서 떠나라고 명령했다.

솔직히 말해서 베옷을 입고 재를 무릎쓰고 금식 기도하는 것은 그리 어려운 일은 아니다. 이런 정도는 누구라도 할 수 있다.

현대 한국의 기독교계의 대 유행은 기도원에 가서 금식 기도하고 내려오는 것이다. 그래서 "나는 사홀 금식기도를 했다" "나는 일주일 금식기도를 했다" 혹은 예수님처럼 40일 금식기도를 시도하는 사람도 많이 생긴 것이 사실이다.

언제부터인가 새벽기도를 하지 않는 사람들은 기독교의 사생아 정도로 취급하는 풍조가 생겼다. 아무리 새벽 기도를 열심히 했어도 그의 속 사람이 변화되지 않았으면 그의 기도가 맑은 새벽 공기를 흐려 놓는 헛소리였음이 분명하다. 아무리 금식기도를 여러날 했어도 그의 의식구조가 완전히 변화되지 않았고 그의 일상생활이 변화되지 않았으면 그의 금식기도는 일종의 연극에 불과한 것이다.

니느웨성의 왕이 명했던 중요한 내용은 베옷을 입고 재를 무릅쓰고 금식기도를 하라는 것만이 아니라 "각기 악한 길과 손으로 행한 강포에서 떠나라"고 명했던 것이 더 중요한 사실이다. 이 니느웨성의 왕은 분명히 하나님께서는 겉을 보시는 하나님이 아니라 사람들의 중심, 사람들의 마음 속 깊은 곳까지 들여다보고 계신 분이심을 잘 알았던 것이다. 사실상 오늘날 한국의 기독교는 외면적으로 볼 때 세계에서 몇 째 안 간다고 자랑하는 대형 교회가 여러 개 있다. 한국 기독교인들의 새벽기도는 한국에만 있는 유일한 제도요 세계적으로도 유명한 자랑거리다. 세계 선교는 우리의 손으로! 라고 목에 힘을 주고 외치고 있다.

전 국민의 25%가 기독교인이라고 한다. 그 말은 우리 국민의 네 사람중 한 사람이 기독교인이라는 말인데 이것이 사실이라면 지금 우리나라는 지상 낙원으로 변화돼 있어야 한다. 그런데 사회악은 더 많아지고 강포함은 더 극악해져서 대통령이 범죄 전쟁을 선포하기에 이르렀는데 이것은 예수를 믿노라고 자처하는 사람들이 옆구리에 성경책을 끼고 교회에 드나들기는 하지만 이 성경을 존엄하신 하나님의 말씀으로 믿고 참으로 회개하고 신령한 신앙생활을 하지 않는 다는 증거이다.

　니느웨성의 왕이나 백성들은 하나님은 존엄하신 분이신 동시에 자비로우신 하나님이신 것을 알고 있었던 것 같다. 그러니까 감히 하나님에게 그들의 죄를 용서해 달라고 재를 무릅쓰고 기도할 수 있었던 것 같다. 하나님은 존엄하시지만 회개하면 긍휼을 베푸시어 멸망하시려던 계획을 멈추시리라는 놀라운 신앙을 가지고 있었다. 하나님께서 인간을 다스리시는 원리 원칙이 바로 이것인데 만일 사람이 죄를 지으면 그 죄진 사람을 묵인해 두시는 법은 절대로 없다. 반드시 처벌을 하시는 것이다. 그러나 그 사람이 진정으로 회개하고 하나님께로 돌아오면 그 사람이 지은 죄가 아무리 크고 무서울 지라도 전부 다 용서해 주신다. 하나님께서 회개하고 돌아오는 사람의 죄를 용서해 주시지 않은 때가 한번도 없었고 또 앞으로도 그런 염려는 할 필요도 없다.

　예수님과 함께 십자가에 달렸던 강도의 경우 그는 그 당시 십자가에 달려 사형을 당한 것으로 보아 극악무도한 범죄자였던 것이 분명하다. 그러나 그 강도의 한마디 고백하는 말을 들으시고 예수님께서 "오늘 네가 나와 함께 낙원에 있으리라"고 그의 죄를 즉시 그 자리에서 용서해 주신 것을 볼 수 있다. 역부족한 인간인 우리가 세상을 살아 나갈 때 실수도 하는 경우가 있고 환경의 지배를 받아 범죄하는 때가 얼마든지 있다. 문제는 우리가 지은 죄를 은폐하려 하나 존엄하시고 모든 것을 다 감찰하시는 하나님 앞에서는 감출 방법이 없는 것이다. 그럴 뿐만 아니라 반드시 하나님께서 그 죄에 응당한 처벌을 하신다.

이 처벌을 면하는 유일한 방법은 니느웨성 사람들처럼 내 죄를 하나님 앞에 다 자복하고 회개하고 악한 길과 손으로 행한 강포에서 떠나는 것이다. 그런 후에 우리의 의식구조를 완전히 변화시켜야 한다.

결 론

심리학자들의 이론에 의하면 75%의 정신병자들이 그 정신병에 드는 이유가 과거에 지은 죄에 대한 죄책감으로 이것을 해결하지 못하고 끙끙 앓고 고민하다가 드디어는 정신병에 든다고 한다. 정신병원에 들어가 있는 이런 종류의 정신질환자들이 과거에 지은 죄 문제만 해결된다면 얼마든지 병에서 회복돼 정상적인 사람 노릇을 할 수 있을 것이라는 이론이다. 이것은 심리학자들의 이론이다.

사람들은 스스로 자기의 죄 문제를 해결할 방법이 없는 존재들이다. 모든 병을 치료할 수 있는 의사라도 사람의 죄 문제로 생긴 병은 치료하지 못한다. 이 세상에 사는 모든 사람들은 다 죄인들이어서 남의 죄문제를 해결해 주기는커녕 자기 죄도 해결하지 못해 고민하는 실정이다. 그러나 우리의 죄 문제를 해결해 주실 수 있는 분이 꼭 한 분 계신데 그 분은 전혀 죄가 없으신 자기의 독생자라도 아끼지 않으시고 내어 주어 우리의 죄를 위해 십자가에 못 박히게 하신 하나님이시다. 따라서 그 앞에 피 공로로 죄 용서해 주실 것을 구하는 길밖에 없다.

　하나님께서는 은총과 자비로 우리의 모든 죄를 용서해 주실 뿐만 아니라 그 후에는 하나님의 자녀가 되어 그와 원만한 관계를 유지하게 하셨다. 이로 인해 구원받은 모든 기독교인들은 영광과 찬송을 하나님께 드릴 뿐만 아니라 신령한 신앙생활을 해야 하겠다.

6. 요나의 분노

성구 : 요나서 4:1-3

서 론

　미국의 만화 피너츠 (Peanusts) 에 등장하는 개 수누피와 찰리 부라운은 세계적으로 사랑을 받는 만화의 주인공들이다. 특히 찰리 부라운은 이 만화에 나오는 인물들 중에 가장 인기가 있는 주인공인데 이것은 찰리가 대단히 똑똑해서 기발한 아이디어로 어려운 문제들을 척척 해결한다든가 아니면 기운이 세서 못되게 구는 동네 깡패 아이들을 시원스럽게 때려눕히는 용감한 어린이이기 때문이 아니다. 찰리는 야구를 하던지 축구를 하던지 무엇을 해도 번번이 마지막판에 어이없는 실수를 해서 그 모든 것을 망쳐 버리는 실패의 챔피언이다. 그래서 사람들은 그의 어처구니없는 실수를 보고 폭소를 하는데 바로 이 것이 사람들에게 총

애를 받는 점이다.

또 어른들 사회에 인기 있는 만화의 주인공으로 영(Chic Young)의 만화 브론디(Blondi)의 남편인 남자 주인공 댁우드(Dagwood)를 빼놓을 수 없다. 이 친구는 유능한 사업가로 성공을 해서 인기가 있는 것도 아니고 그렇다고 인물이 훤칠하게 잘난 미남도 아니다. 직장에 나가서는 상관에게 매일 발길로 채이고 집에 돌아오면 냉장고에 있는 것을 전부 뒤져내서 겹겹이 얹어 만든 샌드위치를 입이 찢어져라 하고 먹은 후에는 소파에 드러누워 잠을 자는 것을 유일한 낙으로 삼는 사람이다.

왜 이렇게 항상 상관에게 인격적인 대우를 받지 못하고 오히려 구박만 받고 하는 일마다 실패하여 곤경을 당하는 만화의 주인공들이 그렇게도 인기가 있고 사람들에게 사랑을 받는 것일까?

심리학자들의 분석에 의하면 사람들은 성공을 불안해하고 두려워한다고 한다. 성공을 해서 자기의 처한 상황이 바뀔 때 이에 대처해야 하는 것에 대한 공포심을 가지고 있다고 한다. 그래서 많은 사람들이 열심히 노력을 해서 성공이 눈앞에 보이는 마지막 순간에 실패를 자초해 버리는 경우가 있고 실패한 뒤에는 차라리 잘됐다 오히려 안도의 한숨을 내 쉰다고 한다.

심리분석학자들의 이론을 빌리면 이런 자멸적인 (Self Destructive) 행동을 하는 사람들은 어려서부터 구박만 받고 자랐기 때문에 실패만 해야 정상적인 것이고 한편 심리적으로도 안도감을 갖게 된다고 한다.

철저하게 인권이 보장된 미국 같은 사회에서도 매맞고 사는 부인들 (Abused wife) 의 문제가 큰 사회문제로 대두되고 있다. 왜 매를 맞아 가면서도 그 남편과 이혼을 하거나 도망 나오지 못하고 살고 있는가? 하는 문제를 심리학자들은 이렇게 분석하고 있다. 어렸을 때 항상 부모에게 매를 맞고 자랐기 때문에 이것이 정상이고 이것이 사랑의 표현이고 자기에게 관심을 보여주는 방법이라고 믿는다는 것이다. 그럴 뿐만 아니라 처음 몇 번 맞을 때는 놀라지만 이것이 반복되는 경우 정말 자기가 무엇을 잘못했기 때문에 맞는 다는 착각과 함께 얼마 동안 남편이 때리지 않으면 혹 남편이 자기에게 관심이 없는 것이나 아닌가, 이제는 남편이 자기를 사랑하지 않는 것인가 하고 오히려 불안해한다고 한다.

요나의 경우를 보면 자기의 성공을 처리하지 못하고 오히려 당황하여 하나님께 불평 불만을 토로하는 것을 볼 수 있다. 선지자로서의 성공이 오히려 부담스럽고 불안했던 요나를 볼 때 매를 맞아야 안정감을 찾는 학대받는 부인 (Abused wife)들의 경우와 비교해 생각해 볼 수 있다.

기독교는 자기를 학대하고 자기를 멸시해야 되는 종교가 아니다. 한 번 회개하고 용서받은 죄는 매일 반복해서 통회자복해야 시원해 하는 기독교인들은 모든 죄를 다 용서 해 주셨다고 한 하나님의 말씀을 불신하는 태도이다. 죄를 통회자복하는 생활의 연속인 기독교인들의 생활이 기쁘고 즐거운 것이 아닐 뿐만 아니라 진취적인 신앙생활을 하지 못하는 것은 당연하다. 기독교는 성공의 종교요 누구든지 성공하지 않고는 못 견디게 하는 종교이다. 과거에는 상처받은 심정이 있었을는지 모르지만 그리스도 안에서 새로운 피조물이 된 기독교인들에게는 성공과 성취 그리고 이에서 오는 기쁨과 평안 그리고 안정감만이 있어야 한다.

성경은 계속해서 우리에게 성공하는 생활을 하도록 강조하고 있다. "귀 있는 자는 성령이 교회들에게 하시는 말씀을 들을지어다. 이기는 그에게는 내가 하나님의 낙원에 있는 생명 나무의 과실을 주어 먹게 하리라"(계시록 2:7) 또 계시록 3장 5절에도 "이기는 자는 이와 같이 흰 옷을 입을 것이요 내가 그 이름을 생명 책에서 반드시 흐리지 아니하고 그 이름을 내 아버지 앞과 그 천사들 앞에서 시인하리라" 하셨다. 요한1서 5장 4절에도 "대저 하나님께로서 난 자마다 세상을 이기느니라 세상을 이긴 이김은 이것이니 우리의 믿음이니라"고 했다. 그 외에도 성경 여러 곳에서 항상 이기고 승리하고 성공 할 것을 강조하고 있는 것을 발견하게 된다.

I. 요나의 심정

요나는 사흘 길이 되는 니느웨성을 하루만 다니면서 외쳤다. 그가 외친 내용도 자기가 알고 있는 하나님에 관한 지식을 솔직하게 전부 가르쳐 준 것이 아니라 어떻게 해서든지 니느웨성이 망할 것만을 바라는 심정으로 외쳤던 것이다. 아마도 요나는 40일이 지나기 전에 니느웨성 사람들

6. 요나의 분노

이 회개하면 어떻게 될 것인가 걱정을 했던 것 같다. 또 만일 니느웨성 사람들이 회개하면 하나님께서 분명히 그들을 용서해 주실 것도 알았기 때문에 더 불안한 심정이었던 것 같다.

3장 2절에 보면 하룻길을 가면서 40일이 지나면 니느웨가 무너지리라고 외쳤다고 했는데 4장 1절 이하에 보면 니느웨가 망하지 않은 사실에 대해 다음과 같이 불평하고 있다. "… 여호와여 내가 고국에 있을 때에 이러하겠다고 말씀하지 아니하였나이까 그러므로 내가 빨리 다시스로 도망하였사오니 주께서는 은혜로우시며 자비로우시며 노하기를 더디 하시며 인애가 크시사 뜻을 돌이켜 재앙을 내리지 아니하시는 하나님이신 줄을 내가 알았음이니이다." 요나는 (1) 하나님은 은혜로우시다, (2) 하나님은 자비로우시다 (3) 하나님은 인애하시다 라고 정확하게 하나님의 속성을 들어 말하고 있다. 다시 말해서 경직화된 유대교의 율법적인 생활에 젖어 있어서 좁고 편협적인 사고방식을 가지고 있으면서도 이 율법적인 생각을 초월해서 본질적으로 자비하시고 은혜로우시며 오래 참으시는 하나님으로 알고 있었던 것을 보면 요나는 올바른 신관을 가진 상당히 수준 높은 신학자였다고 인정하지 않을 수 없다. 그런데 이렇게 훌륭한 신학자 요나가 외쳤던 내용은 40일이 지나면 망하리라는 말뿐이었다. 회개하고 돌이키면 자비하신 하나님께서 혹 용서해 주실 지도 모른다는 말은 입밖에도 내지 않았다.

니느웨성 사람들은 자기들과는 아무런 상관이 없는 유대인 선지자가 와서 외친 말을 귀담아 들었고 자기들과는 아무런 상관이 없는 유대인의 하나님의 진노였을지라도 두려워서 즉시 모든 사람들이 회개했을 뿐만 아니라 이 사실을 안 왕 자신이 조복을 벗고 재를 무릅쓰고 금식하면서 철저하게 회개했고 심지어 짐승에게까지도 굵은 베옷을 입히고 금식을 시켰던 것을 볼 수 있다. 이들은 어떻게 알았는지 요나가 말해 주지 않았을지라도 "하나님이 혹시 뜻을 돌이키시고 그 진노를 그치사 우리로 멸망치 않게 하시리라 그렇지 않을 줄을 누가 알겠느냐" 라는 놀라운 신앙고백을 하고 진심으로 회개했던 것을 볼 수 있다. 이렇게 회개하고 돌아오는 니느웨성 사람들을 보시고 하나님께서 그들의 죄를 용서하시고 그의 뜻을 돌이켜 니느웨성을 멸하지 않으셨다.

> "하나님이 그들의 행한 것 곧 그 악한 길에서 돌이켜 떠난 것을 감찰하시고 뜻을 돌이키사 그들에게 내리리라 말씀하신 재앙을 내리지 아니하시니라" (3:9-10)

II. 요나의 두번째 기도

요나의 두번째 기도는 고기 뱃속에서 드렸던 기도의 내용과는 달리 대단히 화가 나서 하나님께 도전하는 기도를 드리고 있는 것을 발견하게 된다. 그는 자신의 과오를 정당화하고 있고 또 선지자로서 성공한 것까지도 견디지 못해 그 책임을 하나님께 돌리면서 투정을 하고 있다. "여호와여 내가 고국에 있을 때 이러하겠다고 말씀하지 아니하였나이까 그러므로 내가 빨리 다시스로 도망하였사오니…" 라고 말했는데 다시 말해서 내가 옳게 처리해서 다시스로 가지 않았습니까? 내 생각이 옳지 않았습니까 하고 자기가 과거에 불순종했던 사실을 정당화하고 있다.

두 번째로 요나는 자기의 성공을 하나님의 책임이라고 억지를 쓰고 항의하고 있는 것을 볼 수 있다. 단 하룻길의 선교로 온 니느웨성을 왕으로부터 짐승까지 회개시킨 역사적인 성공을 거둔 선교사가 자신의 대성공을 인해 분통을 터트리고 하나님께 원망하고 있는 것이다. 개나 돼지만도 못한 이방인들이 감히 하나님의 이름을 부르고 회개하고 하나님께 돌아오는 것도 못 참겠는데 이 돌아오는 이방인들을 하나님께서 용서해 주시고 구원해 주셨으니 나는 이런 꼴은 정말 눈뜨고 못 보겠습니다. 차라리 내 생명을 거두소서 사는 것보다 죽는 것이 낫겠습니다 라고 죽여 달라고까지 간청하는 것을 볼 수 있다.

요나가 이렇게까지 분통을 터트리는 이유는 유대인의 지극히 편견적인 사고방식에서 자기들만 율법이 있고 자기들만이 할례를 받은 거룩한 백성이고 자기들만 하나님을 소유하고 있어야 되는데 이스라엘의 적국으로 장차 이스라엘을 멸망시킬 앗수리아의 수도 니느웨를 회개시켜 놨으니 이것이 될 일이냐하고 자신의 사역에 대해 곤혹을 느끼고 죽고 싶도록 자신이 원망스러웠던 것이라고 좋게 설명해 볼 수도 있다.

그러나 "하나님은 은혜로우시고 자비로우시며 노하기를

더디하시며 인애가 크시사 뜻을 돌이켜 재앙을 내리지 아니하시는 하나님이신 줄을 내가 알았음이니이다" 라고 하나님의 속성을 정확하게 정의하고 고백할 수 있을 만큼 꽤 똑똑한 요나가 자기의 성공을 감당하지 못하고 당황해 하고 분을 터트린 것을 보면 요나는 분명히 요샛말로 피해망상증 (Persecution Complex)에 걸린 사람이었다고 볼 수 있다.

"하나님은 죽었다" 라고 폭탄 선언을 한 1970년대의 신학자 토마스 알타이저는 역시 열등의식 (Inferiority Complex) 이 있었던 사람이었다. 그는 앵그리칸 교회의 목사가 되기 위해 심리학 시험을 쳤으나 이 시험에 낙제를 해서 목사안수를 받지 못하고 교수로 남아 있었는데 당시 기라성같은 신학자들 틈에서 자기같은 약관이 아무리 수십년 애를 쓰고 노력해 보았자 알아줄 사람이 없고 학자로서 성공할 확률은 거의 없는 것을 알고 "하나님은 죽었다" 라는 기괴한 내용의 책을 출판함으로 사람들의 신경을 자극했던 것이다. 알타이저는 자기의 계획대로 유명해진 것은 사실이다. 그러나 사람은 정도를 밟아 성공해야 하고 정도를 밟아 모든 일을 해야 그것이 사회에 유익이 되는 것이다.

하나님께서 우리에게 요구하시는 것은 상처받은 심정은 완전히 치료받기를 원하신다. 과거에 괴로웠던 체험을 다 벗어버리기를 원하시고 과거에 슬펐던 일을 다 잊어버리기를 원하신다. 이제는 새 마음을, 새 심령을 그리고 새 성품을 가지고 그리스도 안에서 새로운 피조물이 되어 성공에 성공을 거듭하는 자신만만한 기독교인이 되기를 원하신다.

천재와 천치는 백지 한 장의 차이라고 한다. 많은 사람들이 실패에 실패를 거듭하면 아! 내 역량은 이것뿐이니까… 하고 자기의 실패에 오히려 만족하고 주저앉아 버리는데 그것이 바로 천치에 남아 있는 태도이다. 대단한 성공이나 대단한 업적을 이루어 놓는 것이 중요한 것이 아니라 아주 작은 일이라도 성취한 뒤에 이 작은 성공에 만족할 줄 알고 이 성공을 가능케 하신 하나님께 감사할 줄 알아야 한다. 아무리 작은 성공이라도 이것을 우습게 생각하고 그까짓 것 하고 자기 자신이 이 성공을 과소평가 하기 시작하면 다음의 성공은 바라기가 힘들다.

실패는 성공의 어머니라고 말한 토마스 에디슨이야말로 실패를 거듭할 때 낙담해서 포기하지 않고 계속 노력을 했으며 또 아주 작은 성공이라도 성공했을 때 마음을 확 열어 놓고 기뻐하면서 이 성공을 발판 삼아 다음 과제를 연구함으로 수백 가지의 발명품을 내놓을 수가 있었던 것이다.

실제로 에디슨의 발명품들은 많은 경우에 매우 간단한 것들이어서 그의 발명품을 보고는 아! 이렇게 간단 한 것을 …. 나도 얼마든지 이런 정도는 할 수 있었겠다 라고 생각할 정도로 쉬워 보이는 것들이다. 아주 작은 성공을 귀하게 생각하고 또 기쁘고 희열이 넘치는 마음으로 그 다음 과제를 시작한 에디슨이기에 그 많은 발명품을 내놓을 수 있었던 것이다.

결 론

반드시 발명품 뿐만이 아니라 사회 어느 분야에서든지 낙심하지 말고 노력해서 성공을 해야 한다. 주변 사람들의 판단에 의해 자기 자신을 격하시킬 필요가 없다. 더 나아가서 자기 자신의 자격지심에 의해 자기를 격하시키거나 도중 하차해서 주저앉을 필요가 없다. 그럴 뿐만 아니라 예수를 믿는 사람들은 요나처럼 자기의 과오를 정당화하는 비굴한 태도를 버려야 한다. 자신의 불행이나 자신의 실패를 인해 다른 사람을 원망하는 것은 잘못이다. 실패에 실패를 거듭하면서도 이것을 보통으로 생각하는 것은 찰리 부라운의 철학이다. 성경의 철학은 성공의 철학이다. 우리가 참으로 그리스도로 더불어 죽어서 과거의 모든 허물을 다 벗어버렸고 그와 더불어 새 생명으로 거듭났으면 우리는 새로운 피조물이 된 것이다.

"그런즉 누구든지 그리스도 안에 있으면 새로운 피조물이라 이전 것은 지나갔으니 보라 새것이 되었도다 (고린도후서 5:17)

그리스도 안에서 새 사람이 된 사람은 누구나 성공의 철학을 받아들일 수 있는 사람이다. 그리스도가 십자가에 못박혀 죽으시고 사흘만에 죽음의 권세를 깨뜨리는 성공을 하신 것처럼 그를 믿고 그 안에서 새로운 피조물이 된 우리 기독자들도 성공하는 신앙생활을 해야 한다.
　이렇게 모든 기독교인들이 합심하여 한 가지씩 두 가지씩 그리스도와 함께 성공하는 신앙생활을 해 나갈 때 어렵고 곤고했던 과거 한국의 어두운 역사를 뒤집어 엎고 밝고 명랑한 새로운 사회를 만들어낼 수 있을 것이다.

┌─────────┐
│ 판권소유 │
│ 도서출판 │
│ 한 글   │
└─────────┘

요나서강해
자기의 성공을 저주한 사나이

1998년 5월 30일 1판 1쇄 발행
2000년 8월 15일 1판 2쇄 발행
저 자
김 호 식
발 행 자
심 혁 창
발행처 **도서출판 한글**
서울특별시 마포구 아현동 371-1
☎ 363-0301 / 362-8635
FAX 362-8635
등록 1980. 2. 20 제10-33

▲ 파본은 교환해 드립니다
정가 6,000원